Annette Dopatka

Marianne von Preußen · Prinzessin der Niederlande

Leben und Wirken einer selbstbewussten Frau,

für die Schloss Reinhartshausen im Rheingau zum Lebensmittelpunkt wurde

Annette Dopatka

Marianne von Preußen

Prinzessin der Niederlande

Leben und Wirken einer selbstbewussten Frau,
für die Schloss Reinhartshausen im Rheingau zum
Lebensmittelpunkt wurde

Verlag Waldemar Kramer

Bibliografische Information Der Deutschen Bibliothek
Die Deutsche Bibliothek verzeichnet diese Publikation in der Deutschen Nationalbibliografie; detaillierte bibliografische Daten sind im Internet über http://dnb.ddb.de abrufbar.

Verlag Waldemar Kramer GmbH, Frankfurt am Main
ISBN 3-7829-0538-5
Gestaltung/Litho/Produktion: PMG graphics GmbH, Frankfurt am Main
Umschlagbild: Theodor Hildebrandt, Porträt Prinzessin Marianne der Niederlande
Layout: Jutta Dreizehnter-Ringer
Art-Direktion/Produktion: Hans Koller
Gesetzt in der Garamond und Frutiger
Druck und Buchbinderische Verarbeitung: Druckerei Krapp, 64832 Babenhausen

Inhaltsübersicht

Grundlagen zu diesem Buch

Die Lebensgeschichte der wegen ihrer Scheidung, einer Mesalliance und der Geburt eines illegitimen Kindes vom Hofleben verstoßenen Prinzessin Marianne der Niederlande hat erst in jüngster Vergangenheit eine objektivere Darstellung erfahren. Mit den sich ändernden erkenntnistheoretischen Ansprüchen der modernen Geschichtswissenschaft änderte sich auch der Blick auf die einst „verschmähte“ Prinzessin, deren Leben genügend Stoff für eine Enthüllungshistorie der modernen Regenbogenpresse böte: Sie entstammte einem der reichsten Königshäuser Europas, war verlobt mit einem schwedischen Prinzen und verheiratet mit dem Sohn eines preußischen Königs, ließ sich von ihm scheiden und schenkte ihr Herz einem zu ihrer Dienerschaft gehörenden Niederländer. Ihre innere Freiheit und Unabhängigkeit waren unzeitgemäß und wurden zu ihren Lebzeiten mit der Verbannung aus dem Kreis der preußischen und niederländischen Königsfamilien und postum mit der Verbannung ihrer Person in den Schatten der biografischen Forschung bestraft.

Das historische Interesse an ihrer außergewöhnlichen Persönlichkeit begann in den dreißiger Jahren, als K. E. W. Strootman im Archiv der ehemaligen Niederländischen Gesandtschaft die Aufenthalte Prinzessin Mariannes in Rom erforschte, und es manifestierte sich weiter in den sechziger Jahren in verschiedenen Publikationen, vornehmlich niederländischer Autoren. 1963 erschien von J. J. Bouman „Op en om Oranje's Troon“, eine Geschichte des niederländischen Königshauses im 19. und 20. Jahrhundert. Darin eingebettet ist die Lebensgeschichte Prinzessin Mariannes auf der Grundlage weniger älterer Beiträge. 1965 wurde die erste grundlegende Biografie von C. H. Voorhoeve veröffentlicht, die nach einer Ausstellung im Voorburger Museum Swaensteyn 1971 durch weiteres Bild- und Quellenmaterial ergänzt, 1985 als erweiterte Auflage herausgegeben wurde. Voorhoeve bereicherte das bisher vorhandene biografische Material durch die Auswertung eines Tagebuchs von Jacobus Hartmann, der Prinzessin Marianne als Hofmeister auf ihrer langen Reise in das Heilige Land begleitet hat, sowie durch Ergebnisse von Archiv-Recherchen in den Niederlanden. Seine Intention war, „eine Lebensskizze zu entwerfen, die dazu beitragen soll, dass die guten Eigenschaften [Prinzessin Mariannes], die oft überschattet wurden durch die weniger guten, in den Vordergrund treten“.

Einer der wenigen deutschsprachigen Beiträge entstammt einer sechsteiligen Artikelreihe von Robert Heck in den Diezer Heimatblättern von 1958, für die der Autor auf einen Briefwechsel zwischen der niederländischen Prinzessin und dem Pfarrer Feller in Dauborn und später mit seiner Tochter Auguste Feller in den Jahren 1861 bis 1881 zurückgreifen konnte. Dem Institut von Wilhelm Feller war der uneheliche Sohn Mariannes für kurze Zeit anvertraut.

Es ist bezeichnend für alle Veröffentlichungen, die sich mit dem Leben Prinzessin Mariannes beschäftigen, dass sie die allgemein bekannte Lebensgeschichte jeweils unter bestimmten Schwerpunkten mit regionalhistorisch relevanten Akzenten erweitern. Das gilt auch für den 1998 von Kees van der Leer verfassten Ausstellungskatalog „Marianne, een Oranjeprinses, trouw tot in de dood“, der eine neuerliche Ausstellung über Prinzessin Marianne in Voorburg begleitete. Ausgangspunkt ist der 150ste Jahrestag des Einzugs von Prinzessin Marianne in die Gemeinde Voorburg und daher widmet Van der Leer besonders der Geschichte ihrer dort gelegenen Besitzungen besondere Aufmerksamkeit. Durch die genaue Auswertung von Meldungen in zeitgenössischen Tageszeitungen konnte er das gezeichnete Lebensbild wieder um interessante Details bereichern. Dass trotzdem alle Versuche, sich ihrer Geschichte zu nähern, als eine Art historische Indizienkette erscheinen, offenbart den Mangel an autografischen Zeugnissen, die ein detaillierteres Bild ihrer Person auch in einer psychologischen Dimension erlauben würden.

Die charakterlichen Implikationen basieren im Wesentlichen auf wenigen bisher veröffentlichten Briefen Prinzessin Mariannes und einiger ihrer Zeitgenossen, die aber immer nur für einzelne Episoden ihres Lebens Aussagekraft besitzen.

Das vorliegende Buch fasst die bisher unter unterschiedlichen Ansätzen erfolgten Veröffentlichungen über das Leben dieser außergewöhnlichen Frau zusammen und ergänzt ihre Biografie durch eine Würdigung ihrer Verdienste auf kulturellem Gebiet und durch bisher noch nicht berücksichtigte Briefe. Dazu zählt auch die Einbringung der architekturhistorisch orientierten Forschungen von Johannes Sievers und Günther Grundmann über die Geschichte des Berliner Albrecht-Palais und des von Marianne erbauten Schlosses in Kamenz.

Das Leben Mariannes von Nassau-Oranien, die im Zwiespalt ihrer individuellen Möglichkeiten und den gesellschaftlichen Rahmenbedingungen ihrer Zeit herausragende Leistungen auf sozialem, ökonomischem und kulturellem

Gebiet hervorbrachte, birgt noch viele Schätze für weiter reichende biografische Forschungen. Der überwiegende Teil der bisherigen Beiträge zeigt sich noch als Versuch, die Überschreitung zeitgemäßer Normen, deren sich die niederländische Königstochter schuldig gemacht hatte, durch die Darstellung ihrer tugendhafteren sozialen und kulturellen Leistungen zu kompensieren.

Der Weg zu einem wahrheitsgetreuen Bild kann aber nur in der Akzeptanz ihrer manchmal nicht leicht zu verstehenden, manchmal widersprüchlich wirkenden, jedoch immer faszinierenden Persönlichkeit gelingen.

Annette Dopatka

Kindheit und Jugend

Geburt 9. Mai 1810

In der politisch und gesellschaftshistorisch bewegten napoleonischen Zeit begann das Leben der niederländischen Prinzessin Wilhelmine Friederike Louise Charlotte Marianne. Am 9. Mai 1810 wurde sie als viertes und jüngstes Kind von Wilhelm Friedrich VI., später König Wilhelm I. der Niederlande, und seiner Frau Wilhelmine geboren. Aber nicht in einer der niederländischen Residenzen kam sie zur Welt, sondern im preußischen Berlin, der Exilheimat ihrer verbannten Familie.

Abb. links: Mariannes Vater, Wilhelm Friedrich VI., später König Wilhelm I. der Niederlande (1772–1843)

Abb. rechts: die Mutter Mariannes, Friederike Louise Wilhelmine von Preußen (1774–1837)

Mit dem Ausbruch der Französischen Revolution waren die alten Mächte Europas und damit auch die niederländische Heimat der oranischen Fürstenfamilie in den Strudel der kriegerischen Auseinandersetzungen um die politische Vormachtstellung und den Kampf um soziale Reformen geraten. Wilhelm VI. war der Sohn des letzten niederländischen Statthalters. Als unter dem Einfluss französischer Truppen und patriotischer Bewegungen in den Österreichischen Niederlanden 1795 die Batavische Republik ausgerufen wurde, floh er mit seiner jungen Familie über England nach Berlin, um Schutz bei den preußischen Verwandten zu suchen. Seine Frau Friederike Wilhelmine war eine geborene Prinzessin von Preußen, eine Schwester des regierenden Königs Wilhelm III. Während des Berliner Exils bewohnten der Fürst von Nassau-Oranien und seine Gattin das Niederländische Palais unter den Linden. Zu dieser Zeit hatten sie drei Kinder: den 1792 geborenen Wilhelm Friedrich Ludwig, später König Wilhelm II., den fünf Jahre jüngeren Wilhelm Friedrich Karl, genannt Fritz, und die 1800 geborene Pauline.

Der Tiefpunkt in der Schicksalskrise der niederländischen Fürstenfamilie war noch nicht erreicht. Auch Preußen, das lange in unschlüssiger Neutralität verharrt hatte, wurde mehr und mehr von der französischen Eroberungspolitik bedrängt, bis eine kriegerische Auseinandersetzung unabwendbar wurde. In der Doppelschlacht bei Jena und Auerstedt wurden die preußischen Armeen geschlagen und Napoleon zog am 27. Oktober 1806 in Berlin ein. Während

Wilhelm VI. auf preußischer Seite gegen die französischen Truppen kämpfte und bis zur Unterzeichnung des Friedens von Tilsit 1807 in Kriegsgefangenschaft geriet, versuchte seine Frau Wilhelmine mit der preußischen Königsfamilie vor den nahenden Feinden nach Königsberg zu fliehen. Unterwegs erkrankte die sechsjährige Pauline. Wilhelmine von Oranien versuchte nach Berlin zurückzukehren, um ihr Kind ärztlich versorgen zu lassen, doch Pauline starb am 22. Dezember 1806 in Freienwalde. Der trauernden Mutter wurde die Rückkehr gestattet. Unter strenger Bewachung und in ihrem tiefen Leid noch gedemütigt von den französischen Besatzern kehrte sie in das Niederländische Palais zurück.

Niederlande durch Frankreich annektiert

Im Jahr 1810 wurden die Hoffnungen auf eine Rückkehr in die Heimat durch die Annexion der Niederlande durch Frankreich völlig zunichte gemacht. Holland wurde Teil des französischen Kaiserreichs und regiert von Napoleons Bruder Louis Bonaparte. Mehr als jemals zuvor war die Familie Wilhelms VI. einer ungewissen Zukunft ausgesetzt. Außer dem Verlust der nassau-oranischen Stammlande musste er auch den Verlust aller Ämter, die seine Vorfahren in den Niederlanden ausgeübt hatten, beklagen. Da fiel mit der Geburt eines gesunden Mädchens im Mai 1810 ein erster Hoffnungsschimmer in das Leben der seit 1795 in Verbannung lebenden Familie. Im Niederländischen Palais erblickte Prinzessin Marianne das Licht einer Welt, die in wechselnden Koalitionen neu verteilt wurde und mit deren politischen Entwicklungen sie zeitlebens aufs Engste verbunden bleiben sollte. Die beiden Söhne Wilhelms VI. und seiner leidgeprüften Gattin Wilhelmine befanden sich schon in militärischer Ausbildung, der ältere Sohn, Guillot, seit 1809 in England und Fritz in Preußen. So wurde die einzige Tochter des Paares verwöhnter Mittelpunkt der fürstlichen Hofhaltung. Den Rufnamen Marianne erhielt sie nach einer Tante mütterlicherseits, jener Marianne von Hessen-Homburg, die durch einen Zwist mit dem Dichter Heinrich von Kleist über das Drama „Der Prinz von Homburg“ in die Fußnoten der Literaturgeschichte einging.

Zu den schlesischen Landesteilen Preußens gehörte die Stiftsherrschaft Kamenz mit einem alten Zisterzienser-Kloster, das seit der 1810 erfolgten Säkularisation an den Staat übergegangen war. Zusammen mit anderen Herrschaften erwarb Wilhelmine von Oranien im Februar 1812 das Stift, das 31 Ortschaften umfasste. Auf dem Land des neuen Familienbesitzes feierte man ausgelassen den zweiten Geburtstag der kleinen Marianne.

Mit dem Ende der napoleonischen Herrschaft und der Befreiung Hollands kam nach acht Jahren im preußischen Exil die Wende im Schicksal der

1815: Mariannes Vater wird König von Holland und Belgien.

oranischen Familie: 1813 konnte Erbprinz Wilhelm Friedrich VI. von Nassau-Oranien nach Holland zurückkehren und wurde zum souveränen Fürsten der vereinten Niederlande ausgerufen. Im März 1815 wurde der Vater Mariannes König von Holland und Belgien.

Als Marianne mit ihrer Mutter Wilhelmine in das befreite Königreich folgte, war sie drei Jahre alt. Zum ersten Mal sah sie ihren 18 Jahre älteren Bruder Wilhelm Friedrich Ludwig. In den Residenzen Het Loo in Apeldoorn und dem Oude Hof in Den Haag verbrachte sie eine unbeschwerte Kindheit. Der Benjamin des Fürstenhauses hatte viele Freiheiten und wurde vom königlichen Vater und den beiden älteren Brüdern über die Maßen verwöhnt. Die als sanftmütig charakterisierte Wilhelmine drängte zwar auf eine sorgfältige Erziehung, konnte dem bevorzugten Leben ihres Nesthäkchens aber auch keine Strenge entgegensetzen. Großmutter Wilhelmine soll über ihre Enkelin gesagt haben: „Meine kleine Marianne geeft blijken van grote intelligentie, maar zij spreekt te veel talen om het enkele goed te doen.“ Da das Leben kleiner Prinzessinnen im Allgemeinen nicht Gegenstand historischer Abhandlungen ist, und schon gar nicht, wenn es sich nicht um die Jugendzeit staatstragender Persönlichkeiten handelt, ist auch über die Kindheit Mariannes wenig überliefert. Akzentuiert wird aber immer die Feststellung, dass sie ein fröhliches und aufgeschlossenes Kind war, dem der stolze Vater keinen Wunsch abschlagen konnte. Überhaupt scheint das offene und wenig strenge Verhältnis zwischen Wilhelm VI. und seiner Tochter der Schlüssel zu vielen Charaktereigenschaften zu sein, die für ihren Lebensweg oft entscheidend waren.

Modellbauernhof im Schlosspark von Het Loo

Im Park von Het Loo ließ Wilhelm I. 1825 einen Modellbauernhof für seine lebhafte Tochter einrichten. In dem landwirtschaftlichen Betrieb im Kleinformat verbrachte Prinzessin Marianne viel Zeit und lernte, was das bäuerliche Leben ausmachte. Sie kümmerte sich um die Haltung ihrer Schafe, Kälber und Küken und erlernte die Arbeiten, die mit der Bewirtschaftung ihres kleinen Bauernhofs verbunden waren. Mit der dort lebenden Verwalterin Maria van Loenen unterhielt Prinzessin Marianne noch bis kurz vor ihrem Tod einen sehr persönlichen Briefwechsel, der das warmherzige Verhältnis zu der einfachen Frau widerspiegelt, die einen bedeutenden Teil ihrer glücklichen Jugendzeit auf Het Loo begleitete. In so manchem Brief aus späteren Jahren sehnte sich Marianne nach dieser Idylle zurück.

Ihre Erziehung und Unterrichtung lag in den Händen von Catharina van Ulft und Jacoba Helena Gräfin Bentinck-van Reede-van Ginkel, die nach 1830

Mariannes Hofdame wurde. Es war sicher keine leichte Aufgabe, denn die kleine Fürstin hatte ihre eigenen Vorstellungen und oft wurde der Unterricht unterbrochen, weil Marianne ihren Vater begleiten durfte oder wegen gesellschaftlicher Ereignisse mit ihrer Mutter auf Reisen war. Von ihrer Hand erhaltene Briefe verraten in den orthografischen Unsicherheiten und grammatikalischen Eigenheiten die Lücken, die ihre Ausbildung häufig erfuhr. Besonders mit der französischen Sprache, die zur höfischen Korrespondenz gehörte, wie der Reifrock zur zeitgenössischen Mode, blieb sie zeitlebens auf Kriegsfuß. Ihre Erziehung war wie die der meisten Prinzessinnen auf den gepflegten Zeitvertreib und eine künftige Rolle als Ehefrau und Mutter ausgelegt. Der Sohn des Organisten der Prinzen von Thurn und Taxis in Brüssel, Laurent François Boutmy, gab der jungen Prinzessin Musikunterricht.

Die königliche Familie der Vereinigten Niederlande, um 1827. In der Mitte König Wilhelm I. und Wilhelmina von Preußen. Die dritte Person von rechts ist Prinzessin Marianne.

In der Geborgenheit des höfischen Lebens und ihrer warmherzigen Familie wächst Marianne zu einer lebenslustigen und selbstbewussten jungen Frau heran. Als sie mit 16 Jahren auf Het Loo ihr Glaubensbekenntnis ablegte und in die Gesellschaft eingeführt wurde, hatte die attraktive Prinzessin schon das Interesse der ersten Heiratskandidaten auf sich gezogen. Sie war jung, schön, amüsant und entstammte einem der wohlhabendsten Königshäuser, eine ausnehmend gute Partie. So mancher heiratsfähige Fürstensohn bemühte sich erhört zu werden, wie der Kurprinz von Hessen oder der Herzog von Braunschweig. Aber erst mit Prinz Gustav Wasa, dem Sohn des entthronten schwedischen Königs Gustav IV., trat ein ernsthafter Bewerber in ihr Leben.

Verlobung mit Prinz Gustav Wasa

Und es scheint, dass für diese Verbindung weniger dynastische Interessen als wahre Gefühle ausschlaggebend waren. Am 25. Juni 1828 wurde auf Het Loo die Verlobung der achtzehnjährigen Prinzessin mit Gustav Wasa von Schweden gefeiert. Das Palais von Mariannes Großmutter am Plein in Den Haag war schon für das zukünftige Paar bestimmt und eine entsprechende militärische Beförderung des jungen Prinzen festgelegt, als es durch Intrigen und politisches Ränkespiel um den Titel des Verlobten nicht mehr möglich war, die Verbindung aufrechtzuerhalten. Eine für heutige Vorstellungen kaum nachvollziehbare Debatte darüber, ob sich der Sohn des ehemaligen schwedischen Königs, dessen Nachkommen von der Thronfolge ausgeschlossen waren, noch Prinz von Schweden nennen durfte oder nicht, zerbrach das Glück Mariannes. Es war eine erste schmerzliche Erfahrung mit der Wirklichkeit höfischer Reglements und politischer Rücksichtnahmen und es sollte nicht die letzte in ihrem Leben bleiben.

Prinz Gustav Wasa von Schweden (1799–1877), Lithografie nach Cäcilie Brandt

Mariannes Hofdame wurde. Es war sicher keine leichte Aufgabe, denn die kleine Fürstin hatte ihre eigenen Vorstellungen und oft wurde der Unterricht unterbrochen, weil Marianne ihren Vater begleiten durfte oder wegen gesellschaftlicher Ereignisse mit ihrer Mutter auf Reisen war. Von ihrer Hand erhaltene Briefe verraten in den orthografischen Unsicherheiten und grammatikalischen Eigenheiten die Lücken, die ihre Ausbildung häufig erfuhr. Besonders mit der französischen Sprache, die zur höfischen Korrespondenz gehörte, wie der Reifrock zur zeitgenössischen Mode, blieb sie zeitlebens auf Kriegsfuß. Ihre Erziehung war wie die der meisten Prinzessinnen auf den gepflegten Zeitvertreib und eine künftige Rolle als Ehefrau und Mutter ausgelegt. Der Sohn des Organisten der Prinzen von Thurn und Taxis in Brüssel, Laurent François Boutmy, gab der jungen Prinzessin Musikunterricht.

Die königliche Familie der Vereinigten Niederlande, um 1827. In der Mitte König Wilhelm I. und Wilhelmina von Preußen. Die dritte Person von rechts ist Prinzessin Marianne.

In der Geborgenheit des höfischen Lebens und ihrer warmherzigen Familie wächst Marianne zu einer lebenslustigen und selbstbewussten jungen Frau heran. Als sie mit 16 Jahren auf Het Loo ihr Glaubensbekenntnis ablegte und in die Gesellschaft eingeführt wurde, hatte die attraktive Prinzessin schon das Interesse der ersten Heiratskandidaten auf sich gezogen. Sie war jung, schön, amüsant und entstammte einem der wohlhabendsten Königshäuser, eine ausnehmend gute Partie. So mancher heiratsfähige Fürstensohn bemühte sich erhört zu werden, wie der Kurprinz von Hessen oder der Herzog von Braunschweig. Aber erst mit Prinz Gustav Wasa, dem Sohn des entthronten schwedischen Königs Gustav IV., trat ein ernsthafter Bewerber in ihr Leben.

Verlobung mit Prinz Gustav Wasa

Und es scheint, dass für diese Verbindung weniger dynastische Interessen als wahre Gefühle ausschlaggebend waren. Am 25. Juni 1828 wurde auf Het Loo die Verlobung der achtzehnjährigen Prinzessin mit Gustav Wasa von Schweden gefeiert. Das Palais von Mariannes Großmutter am Plein in Den Haag war schon für das zukünftige Paar bestimmt und eine entsprechende militärische Beförderung des jungen Prinzen festgelegt, als es durch Intrigen und politisches Ränkespiel um den Titel des Verlobten nicht mehr möglich war, die Verbindung aufrechtzuerhalten. Eine für heutige Vorstellungen kaum nachvollziehbare Debatte darüber, ob sich der Sohn des ehemaligen schwedischen Königs, dessen Nachkommen von der Thronfolge ausgeschlossen waren, noch Prinz von Schweden nennen durfte oder nicht, zerbrach das Glück Mariannes. Es war eine erste schmerzliche Erfahrung mit der Wirklichkeit höfischer Reglements und politischer Rücksichtnahmen und es sollte nicht die letzte in ihrem Leben bleiben.

Prinz Gustav Wasa von Schweden (1799–1877), Lithografie nach Cäcilie Brandt

Ehejahre

Etwa ein Jahr nach der missglückten Verlobung heiratete Prinzessin Marianne ihren Cousin Prinz Albrecht von Preußen, den jüngsten Sohn König Friedrich Wilhelms III. und der populären, früh verstorbenen Königin Luise. Zeitgenössische Beobachter beurteilten diese Verbindung, nicht zuletzt im Hinblick auf Albrechts leichtlebige Wesensart, eher kritisch. Die Dichterin Karoline von Rochow schrieb dazu in ihren Aufzeichnungen über das Leben am preußischen Hof, dass man sehr verwundert gewesen sei, dass der König dieser Ehe zustimmte, da Prinz Albrecht, erst 20 Jahre alt, noch ganz den Eindruck eines „unfertigen Wesens" gemacht habe. Es war eine Art von Kinderliebe, die er stets für seine muntere Cousine gezeigt hatte, und so ergriff er die Gelegenheit, um an die Stelle des Prinzen Wasa treten zu dürfen. Zumindest passte die Verbindung der niederländischen Prinzessin mit dem preußischen Prinzen in die Pflege der engen verwandtschaftlichen Beziehungen zwischen beiden Königshäusern. Erst wenige Jahre davor hatte die Ehe von Mariannes Bruder Friedrich mit Louise von Preußen, der Schwester Prinz Albrechts, diese Bande erneut gestärkt.

Prinz Albrecht von Preußen (1809–1872)

Anlässlich der Verlobung von Prinzessin Marianne mit Prinz Albrecht von Preußen verfasste der niederländische Prediger G. H. van Senden eine ergreifende Hymne. Von dem elfstrophigen Werk seiner Dichtkunst sei hier nur die letzte wiedergegeben, deren poetischer Ruf nach erfüllter Liebe leider unerfüllt bleiben musste:

Heil Euch Beiden! – Gottessegen!
Heil Dir, Bräutigam, Dir Braut!
Jedes Herz schlägt Euch entgegen,
Aller Wünsche werden laut.
Löw' und Adler betten nieder
Liebend sich in Paphos Hain'
Und die Schöpfung hallet wieder:
„Diese Lieb' muss glücklich sein!"

Am 14. September 1830 traute der Haager Bürgermeister Copes van Cattenburgh Prinzessin Marianne der Niederlande und Prinz Albrecht von Preußen im Ballsaal des Palais Noordeinde in Den Haag. Die Pracht der Feier und des im belgischen Süden gefertigten Brautkleides konnten allerdings nicht mehr über die drohende Revolte Belgiens gegen die holländische Dominanz hinwegtrösten. Begleitet von studentischen Ehrenwachen reiste das junge Paar nach den Hochzeitsfeierlichkeiten im Haag nach Berlin. Einmütig berichten die niederländischen Chronisten darüber, dass die junge Prinzessin Albrecht gleich nach ihrer Ankunft den Preußenkönig Wilhelm III., nun ihr Schwiegervater, pathetisch um Hilfe für das niederländische Königreich bat. Vergebens. Im Jahr ihrer Eheschließung wurde die Länderehe zwischen den nördlichen und südlichen Niederlanden geschieden und Belgien erreichte die Unabhängigkeit.

Die älteste Tochter von Prinzessin Marianne, Charlotte (1831–1855), heiratete Georg II. von Sachsen-Meiningen.

Da sich das für Prinz Albrecht von Preußen vorgesehene Palais in der Wilhelmstraße noch im Ausbau befand, bezog das Paar zunächst das Schloss Schönhausen an der Berliner Nordgrenze. Die Geschichte dieses Schlosses, in dem die Gemahlin Friedrichs des Großen den Rest ihres Lebens in einer Art Verbannung zubrachte, hätte Marianne ein deutlicher Hinweis dafür sein können, wie eheliche Probleme auf preußische Art gelöst wurden. Aber noch bestand ja kein Anlass an ihrer Ehe zu zweifeln, obwohl selbst Wilhelm IV. seinen Bruder Albrecht wenig schmeichelhaft charakterisierte:

„Ich bin ebenso neugierig auf Abbats Auftreten bei Euch wie Du [gemeint ist Albrechts Besuch am Petersburger Hof vor der Eheschließung]; er ist leicht embarassiert, sucht dies aber auf eine nur zu auffallende Art zu kaschieren, durch eine falsche Aisance, falschen Ernst und überlaute Töne im Sprechen."

Damit war Albrecht von Preußen auch in der Heimat Prinzessin Mariannes unangenehm aufgefallen. Im Gegensatz zu dem etwas rüpelhaften Auftreten ihres Bräutigams am niederländischen Hof hinterließ Marianne in den Berliner Kreisen offenbar einen besseren Eindruck. Karoline von Rochow:

„Sie trat als eine sehr hübsche, freundliche, zuvorkommende Persönlichkeit auf, die nur den angenehmsten Eindruck hinterlassen konnte, zeigte auch den besten Willen, eine gute Frau zu sein, ein häusliches Leben zu führen, ja selbst ihrer Bildung nachzuhelfen."

Geburt des ersten Kindes

In dem kleinen Schloss Schönhausen wurde am 21. Juni 1831 das erste Kind des Paares, Charlotte, geboren. Die Fertigstellung des so genannten Anspach'schen Palais in der Wilhelmstraße 102 zog sich noch bis April 1832 hin.

Es war der letzte dort für einen Prinzen geschaffene Wohnsitz, dessen Ausführung unter Leitung des bedeutenden preußischen Baumeisters Karl Friedrich Schinkel stand. Das mehr und mehr erweiterte Bauprojekt, dazu zählten vor allem der Ankauf weiterer Grundstücke, der Bau einer Reitbahn, die Anlage einer Fontäne und eines Wintergartens, stagnierte häufiger aufgrund finanzieller Engpässe und konnte erst durch die beträchtlichen Vermögenswerte, die von der Prinzessin in die Ehe eingebracht wurden, in seinem vollen Umfang fertig gestellt werden.

Empfangszimmer der Prinzessin Marianne im Albrecht-Palais in Berlin, 1835

Durch die Beteiligung des bedeutenden preußischen Architekten an der Planung und Ausführung des Palais ist die Einrichtung der Räume in vielen Einzelheiten überliefert und zeigt den hohen Grad einer Wohnkultur, die bis ins Detail kunstvoll arrangiert war und deutlich die modischen Vorlieben ihrer Zeit aufnahm. Dazu zählen insbesondere die von Schinkel entworfenen Wanddekorationen im pompejanischen Stil und der Wintergarten als Erweiterung des Wohnraumes und als Schauplatz für die gesellschaftlichen Ereignisse im Albrecht-Palais.

Wohn- und Arbeitszimmer Mariannes in Berlin

Am 22. Geburtstag Prinzessin Mariannes feierte man die offizielle Einweihung des Palais mit einem großen Déjeuner dinatoire. Interessant ist, dass das „Feenpalais" auch der Berliner Bevölkerung zur Bewunderung freigegeben werden musste. Schinkel schreibt darüber am 1. Mai 1832 an den berühmten Lebens- und Gartenkünstler Fürst Pückler-Muskau:

„Gestern habe ich das Glück gehabt, die Frau Fürstin noch ins Palais des Prinzen Albrecht führen zu können, welches eine zeitlang ganz geschlossen war, weil seine nicht angemessene Weise, es dem Volke zu öffnen, beinahe einen Sturm auf dasselbe herbeiführte, der erst ganz wieder besänftigt werden musste."

Das große Interesse der Öffentlichkeit an dem herrschaftlichen Wohnsitz zeigte sich in fast tumultuarischen Szenen, die sich an den zur Besichtigung freigegebenen Tagen dort abspielten.

Gemeinsames Schlafzimmer des Prinzenpaares Albrecht

Prinzessin Marianne fand sich in das streng reglementierte Leben am preußischen Hof ein und versuchte ihrem Mann entgegenzukommen, auch in der Anpassung an den herrschenden Kunstgeschmack in der königlichen Familie. Über die Ausstellungen der Berliner Akademie wurde ihr Interesse auf die bevorzugt dort ausgestellten zeitgenössischen Künstler gelenkt.

Prinzessin Marianne der Niederlande, Kohle-Kreide-Zeichnung von Franz Krüger

Als Mitglied des königlichen Hauses wurde die schöne Frau des preußischen Prinzen vielfach selbst von derzeit anerkannten Künstlern porträtiert, beispielsweise von dem preußischen Hofmaler Franz Krüger oder den Künstlern Karl Begas und Ferdinand Hildebrandt, deren lebensgroße Bildnisse der niederländischen Prinzessin heute in den historischen Räumen im Reichsmuseum Palais Het Loo hängen. Die für das Biedermeier charakteristischen Porträts von Marianne aus ihrer Ehezeit zeigen eine schöne Frau, mit gleichmäßigen Gesichtszügen, das dunkle Haar in kunstvollen Frisuren hoch gesteckt, oft mit den Biedermeier-typischen Haarschleifen oder -knoten und den über die Ohren reichenden Seitenlocken. Durchgängig wurde sie in prachtvollen Kleidern mit schmal geschnürter Taille und schulterfreien Ausschnitten, in vornehmer Haltung und mit allen Statussymbolen ihres hohen Standes dargestellt. 1832 entstand das Porträt des Malers Karl Begas, das Prinzessin Marianne später der Gemeinde Den Haag als Dank für ihre Ernennung zur Ehrenbürgerin schenkte. Es wurde auf einer der Akademieausstellungen in der preußischen Hauptstadt präsentiert und zählte zu den Gemälden, „welche sich eines ungetheilten Beifalls zu erfreuen hatten". Johann Gottfried Schadow, seit 1815 Direktor der Akademie, bemerkte dazu in seinen Abhandlungen über „Kunst-Werke und Kunst-Ansichten" 1849: „Der Maler hatte die hohe Dame einige Schritte zurück im Zimmer hingestellt und die Zeichnung sodann nach den Regeln der Perspektive verkleinert." Das Publikum schien in der Beurteilung wohl doch nicht ganz „ungetheilt", denn Schadow fügte an: „Von den hohen Damen wurde ich befragt, warum der Maler die Prinzessin kleiner gemalt habe als die Natur; meine Erklärung, wie hier zu lesen, schien keinen Eingang zu finden, und die Damen blieben bei ihrer Meinung und bei dem Wunsche, der Maler möchte doch so groß gemalt haben wie die Natur." Auf den meisten offiziellen Bildnissen dieser Zeit trägt Prinzessin Marianne an ihrer linken Schulter eine Schleife aus dem weiß-schwarzen Ordensband mit dem kleinen goldenen Kreuz des Luisen-Ordens. Er wurde

Prinzessin Marianne, Porträt von Karl Begas

in Erinnerung an Königin Luise 1814 durch den preußischen König Friedrich Wilhelm III. als Pendant zum Eisernen Kreuz gestiftet, um damit Frauen zu ehren, die sich während des Krieges Verdienste erworben hatten, oder um ähnliche in hingebungsvollem Patriotismus erbrachte Verdienste zu würdigen.

In diesen glücklichen Jahren ihrer Ehe war das Zuhause des Prinzenpaares Albrecht ein Anziehungspunkt im gesellschaftlichen Leben der Berliner Aristokratie. Albrechts Bruder schreibt 1833 von einer Soiree mit theatralischen Aufführungen, die von der Prinzessin veranstaltet waren, anschließendem Souper im Treibhaus und Tanz im runden Salon, dem ovalen Speisesaal im Erdgeschoss. Auch das *„obligate Feuerwerkchen"* fehlte nicht. Familienabende in der Orangerie, an denen manchmal auch der königliche Vater Friedrich Wilhelm III. teilnahm, oder Gesellschaften in dem schönen Garten und „in Albrechts charmantem Gewächshaus, wo man tyroler Sänger hörte", gehörten zu den gesellschaftlichen Ereignissen, von denen Verwandte des Paares in Briefen berichteten.

Mariannes Sohn Albrecht (1837–1906), heiratete Marie von Sachsen-Altenburg

Die Anlage des Palaisgartens war eine Schöpfung des bekannten Landschafts- und Gartenbaukünstlers Peter Joseph Lenné, der mit Schinkel in einem regen Gedankenaustausch stand. Die Zusammenarbeit des preußischen Architekten mit dem Generaldirektor der königlichen Gärten brachte beispielsweise Schloss und Park Charlottenburg hervor. Auf den begnadeten und viel gefragten Lenné gingen unzählige Anlagen nach dem Vorbild englischer Landschaftsgärten zurück. Aber mehr noch als die Reize des durch Lenné entworfenen Gartens des Albrecht-Palais war die im strengen Winter 1837/38 dort eingerichtete Eisrutschbahn ein besonderer Anziehungspunkt, der sogar in einem Brief des sonst eher wortkargen preußischen Königs Erwähnung fand:

> *„Die bei Albrecht in dessen Garten aufgebauten Rutschbahn-Eisberge nach Art der russischen werden trotz der Kälte zahlreich besucht und gewähren für Liebhaber solcher kalter Partien einen hohen Genuss. Selbst die Damen schließen sich nicht aus und finden daran großes Behagen. Ein paar Mal schon haben diese Rutschpartien selbst bei Abend und bei brillanter Illumination mit Trompetenmusik, die bei Albrecht de rigueur ist, stattgehabt."*

Geburt des männlichen Nachfolgers Albrecht

Mit diesem Winter endete aber auch ein in anderer Hinsicht bedeutendes Jahr in der Lebensgeschichte der niederländischen Prinzessin. Nachdem sie am

4. Dezember 1832 einen Sohn tot geboren hatte, erblickte am 8. Mai 1837 ein gesunder männlicher Nachfolger das Licht der Welt. Er wurde wie sein Vater auf den Namen Albrecht getauft und sollte später ebenso wie er in der Tradition preußischer Erziehungsideale zum Soldaten erzogen werden.

Das Erbe Wilhelminas von Preußen

Nur wenige Monate nach der Geburt ihres Enkels starb am 12. Oktober 1837 Wilhelmina von Preußen. Sie hinterließ ihrer einzigen Tochter die Stiftsherrschaft Kamenz in Schlesien, die sie während der Zeit, als ihre Familie noch aus der niederländischen Heimat verbannt war, erworben hatte. Prinzessin Marianne beschloss, auf dem geschichtsträchtigen Hertaberg einen Wohnsitz für die Albrechtlinie des Hauses Hohenzollern errichten zu lassen. Sie verpflichtet dazu keinen Geringeren als Preußens derzeit bedeutendsten Baumeister Schinkel, der ihr schon durch den Ausbau des Albrecht-Palais bekannt und ein Garant für die bei den Hohenzollern beliebte historisierende Bauweise der Ritterromantik war. Zur Grundsteinlegung am 15. Oktober 1838 war das Prinzenpaar zum ersten Mal auf der Baustelle. Der Hofmarschall, General von Stockhausen, fasste das sorgfältig vorbereitete Programm für den großen Tag prägnant mit den Worten zusammen:

„Geschossen, geläutet, musiziert ad libitum, Bier- und Branntwein so viel, wie Sie für zuträglich halten."

Schloss Kamenz

Prinzessin Marianne war die verantwortliche Bauherrin und begleitete engagiert den Fortgang der Arbeiten. In wichtigen Fragen hatte sich Schinkel direkt an sie zu wenden. Ferdinand Martius, der als örtlicher Bauleiter mit der Ausführung betraut war, beschrieb in seiner Autobiografie das nicht unproblematische Verhältnis zwischen der äußerst kritischen Bauherrin und Schinkel. Der bedeutende preußische Architekt musste seine Entwürfe für den gewaltigen neogotischen Schlossbau ständig gegen die Änderungswünsche und kritischen Einwände der Prinzessin verteidigen. Als Bauherrin und pragmatische Frau stand für sie naturgemäß die Bewohnbarkeit des Schlosses im Vordergrund und ihre diesbezüglichen Bedenken und die daraus erwachsenden Meinungsverschiedenheiten wurden umso deutlicher, je weiter der Bau fortschritt. Für Schinkel wurde dies das letzte, sein Lebenswerk bekrönende Projekt, dessen Fertigstellung er aber nicht mehr erlebte. 1849, acht Jahre nach seinem Tod, urteilte Prinzessin Marianne:

„Den Bericht des Assessors Homann habe ich mit größtem Interesse gelesen und mich dabei amüsiert, seine Bewunderung über Schinkel darin durchschimmern zu sehen, der gelobt wird, wo er es gar nicht verdient; denn nicht er, der große Meister, sondern ich, die Unwissende, entdeckte, dass die Dimensionen so unglücklich genommen waren, dass man aus den Fenstern der Bel-Etage gegen die Ringmauer sah und die wirklich schöne Aussicht nicht genießen konnte. Deshalb befahl ich, trotz Schinkel, den Einbau des Halbgeschosses. Die Freitreppe war ein Unsinn bei einem gotischen Schloss, welches einer Festung ähnlich gewesen wäre. Deshalb ließ ich sie ausfallen, und die großen Bogen in der Vorhalle sind auf den Vorschlag von Martius gemacht worden, da ich lamentierte über den Mangel an Licht und Aussicht für alle Räume, welche hinter der Unterfahrt gelegen waren. Davon hat Schinkel auch keine Ehre. Überhaupt war der große Meister schon halb kindisch, als der Bau zur Ausführung kam. Das einzig Gute, was er daran tat, war: ihn dem Martius anzuvertrauen, der sich dabei mit Ruhm bedeckt hat.“

Bereits 1838, unmittelbar nach dem Antritt ihres Erbes, begann Prinzessin Marianne mit der Erweiterung ihrer schlesischen Besitzung durch den Kauf der Herrschaften Seitenberg, Schnallenstein und Schreckendorf im Kreis Habelschwerdt. Die Erwerbungen zeugen vom kaufmännischen Geschick und dem wirtschaftlichen Weitblick der niederländischen Königstochter. Nicht umsonst wurde ihr nachgesagt, von ihrem Vater das Gefühl für die „Geschäfte-des-König-Kaufmanns“ geerbt zu haben. Die Region war reich an Rohstoffen für die Glasindustrie, die nach dem Niedergang

Kamenz, Schlosspark und Schlossterrasse

des Eisenerzbergbaus im 18. Jahrhundert für die wirtschaftliche Entwicklung bedeutend waren. Mit Unterstützung Prinzessin Mariannes wurde 1864 in Schreckendorf die „Oranienhütte" errichtet, die zu einem führenden Unternehmen der Glasindustrie wurde. An Grund und Boden war Seitenberg die größte dieser Besitzungen, mit einem Marmorbruch, der nicht zuletzt auch für den Schlossbau in Kamenz interessant war.

Während eines Aufenthalts der Prinzessin im Sommer 1840 in Kamenz wurde sie erneut Mutter eines Mädchens. Die kleine Elisabeth starb aber nur wenige Wochen nach der Geburt am 9. September 1840.

Nachdem die stolze Bauherrin noch im Sommer des folgenden Jahres den Mitgliedern des königlichen Hauses das gewaltige Bauprojekt präsentiert hatte, stagnierte das Unternehmen aufgrund der zunehmenden Eheprobleme des prinzlichen Paares. 1847 war Prinzessin Marianne das vorerst letzte Mal in Kamenz. Das war auch für Ferdinand Martius tragisch, der sich eine Karriere als Architekt von Mitgliedern des preußischen Hofes erhofft hatte. Aber das Kapitel Kamenz war noch nicht beendet. Bis zu seinem Tod blieb sein Schicksal mit dem schlesischen Ort und der niederländischen Königstochter verbunden.

Zeit der Trennung

Die scheinbare Leichtigkeit ihres privilegierten Lebens darf nicht darüber hinwegtäuschen, dass der Verlust zweier Kinder und der Tod der geliebten Mutter Momente tiefer Trauer im Leben Prinzessin Mariannes waren. Dazu entwickelte sich ihre Ehe in diesen Jahren zunehmend problematischer. Das Verhältnis der selbstbewussten und oft als eigensinnig beschriebenen Frau zu ihrem nach preußischem Drill erzogenen und als Bonvivant lebenden Ehegatten litt zu sehr unter der Verschiedenheit ihrer Charaktere. Albrecht war ein Soldat, burschikos, das Reiten von Parforcejagden seine größte Freude, und Marianne eine temperamentvolle junge Frau, für alle kulturellen und politischen Belange aufgeschlossen. Die Entwicklung bestätigte die von einigen Mitgliedern des engeren Familienkreises von Anfang an geäußerten Zweifel an dieser Ehe. Nicht jeder sah die Gründe für die Ehestreitigkeiten aufseiten des Ehegatten. Prinzessin Augusta, die mit Albrechts Bruder Wilhelm verheiratet war, schrieb 1831 an ihre Mutter:

> *„Mein Schwager Albrecht hat sich meiner Meinung nach viel zu früh verheiratet. Das hemmt ihn in der vorteilhaften Entwicklung, die er vorher zu nehmen versprach, und ich fürchte, dass das späterhin noch andere Unzuträglichkeiten nach sich ziehen wird. Marianne besitzt viele Geistesgaben, viele Anlagen und Originalität; ich halte sie für gutherzig, aber von Grunde auf für schlecht erzogen, was ihr Eigenschaften verleiht, die ich ihr nicht gern nachsagen lassen möchte …"*

Für Abwechslung im Familienstreit sorgte zu dieser Zeit erst einmal die Heiratsabsicht von Mariannes Vater, Wilhelm I., der drei Jahre nach dem Tod seiner Frau Wilhelmine eine Ehe mit der Hofdame Gräfin Henriette d'Oultrement de Wegimont beschloss und damit ein tiefes Zerwürfnis mit seinem ältesten Sohn, seit 1840 regierender König der Niederlande, hervorrief. Gegen alle Schwierigkeiten, die diese nicht standesgemäße Liaison provozierte, setzte sich Prinzessin Marianne von Anfang an für das Glück ihres Vaters ein und nicht zuletzt ihrer Vermittlung war es zu verdanken, dass diese Liebesgeschichte ein Happy End fand. Am 17. Februar 1841 heirateten Wilhelm Friedrich, der nach seiner Abdankung den Titel Graf von Nassau wählte, und Henriette d'Oultremont de Wegimont im Palais von Marianne und Albrecht in der Berliner Wilhelmstraße.

Zunehmende Entfremdung zwischen den Eheleuten

Das Eheleben Mariannes aber löste sich zunehmend. Karoline von Rochow:

> *„Wem von beiden Eheleuten dies zuerst langweilig erschien, weiß ich nicht; bald begann ein herumfahrendes, zerrissenes Wesen in dieser*

Häuslichkeit Platz zu greifen, bis mit dem Tode des hochseligen Königs [Friedrich III.] der letzte Halt verschwand und die Trennung unvermeidlich wurde."

Mehrere Bände im Brandenburg-Preußischen Hausarchiv dokumentieren die Versuche, diese Trennung und den damit verbundenen Skandal zu verhindern. 1835 setzen die ersten Berichte und Stellungnahmen der Vertrauten des Königshauses ein, die um eine Beilegung dieser Affäre bemüht waren, deren Brisanz weniger die Untreue eines preußischen Prinzen war, sondern die fehlende Bereitschaft seiner Frau, diese bei vielen Hohenzollern feststellbare Neigung zu tolerieren und sich standeskonform in ihr Schicksal zu fügen.

Die jüngste Tochter von Prinzessin Marianne, Alexandrine (1842–1906), heiratete den Herzog Wilhelm von Mecklenburg-Schwerin.

Seit der Geburt der jüngsten Tochter Alexandrine am 1. Februar 1842 verschärften sich die familiären Auseinandersetzungen im Hause Albrecht derart, dass Prinzessin Marianne beschloss, den Winter in Italien zu verbringen. Entkräftet nach den letzten Geburten und den belastenden Ehestreitigkeiten reiste sie im Herbst 1843 zum ersten Mal in den Süden. Im Oktober hielt sie sich in Neapel auf und genoss auf ärztliches Anraten eine Badekur auf der Insel Ischia, die wegen der Heilkraft ihrer warmen Quellen ein beliebtes Ziel der kurenden Aristokratie war. Der Wiederherstellung ihrer Gesundheit dienten darüber hinaus Spaziergänge und Ausflüge, die das Kurwesen des 19. Jahrhunderts als unverzichtbare Ergänzung erachtete. Bald fühlte sich Prinzessin Marianne wieder kräftig und erholt genug, um Museen, Kirchen und Theater zu besuchen, die Vielfalt von Eindrücken einer fremden Kulturlandschaft zu erkunden. Regelmäßig berichtete sie ihrer Schwägerin Elise von den Unternehmungen. Vielleicht auch deshalb, weil ihre Kinder nun in der Obhut der preußischen Verwandten lebten und dieser Briefverkehr indirekt auch sie über das Leben ihrer weit entfernten Mutter informierte. Im November 1843 war Prinzessin Marianne zum ersten Mal in Rom. Sie besuchte die berühmten Sehenswürdigkeiten der Ewigen Stadt, die kulturellen Pilgerstätten des gebildeten Reisenden. Aber trotz all der Schönheiten blieb ihr die Stadt am Tiber noch fremd. Rom gefiel ihr bei weitem nicht so gut wie Neapel. Ende November schrieb sie gar an Elise:

„Ich bedauere es im Moment, mich hier für den Winter niedergelassen zu haben, ich bin keine Künstlerin, keine Kennerin, noch nicht einmal eine ausreichende Liebhaberin der Altertümer und der schönen Künste, um in

den Katakomben, den Ruinen, den Galerien, den Kirchen zu leben. Ich vermisse Neapel, wo es jetzt viel milder als hier ist und das trotz des Winters einfach lieblicher ist. Ich mag auch Florenz, Venedig… Rom ist etwas zu ernst für meinen Geschmack.“

Tribuna der Uffizien in Florenz

Ihre Einstellung änderte sich aber noch in diesem Dezember: Marianne am 24. Dezember 1843 an Elise von Preußen:

„Ich fange an mich an Rom, das mir als Aufenthaltsort zunächst überhaupt nicht gefiel, zu gewöhnen, es zu bewundern.“

Prinzessin Marianne begann das Leben im künstlerischen und intellektuellen Milieu der lebendigen Metropole zu genießen. Genauso wichtig wie die Kenntnis von Kunst und Altertümern waren zu ihrer Zeit Besuche in den Künstlerwerkstätten und Künstlerkolonien. Die Mitglieder der regierenden Häuser, darunter auch die Hohenzollern, unterstützten die in Rom ansässigen Künstler ihres Heimatlandes durch Ankäufe und Bestellungen. Bei ihrem ersten Besuch in den römischen Ateliers in diesem Winter erregte die Gemahlin des Prinzen Albrecht allerdings noch den Unmut eines Teils der Künstlerschaft, „da sie sich bei ihren Ankäufen von der preußischen Gesandtschaft leiten und nach Meinung der Übergangenen falsch beraten ließ“.

1843: Tod des Vaters
1844: Rückkehr nach Berlin

Während dieses ersten Aufenthalts in Italien starb am 12. Dezember 1843 in Berlin der Vater Prinzessin Mariannes. Die Nachricht erreichte sie in der Weihnachtszeit und bewegte sie zur Rückkehr, da ihre Trauer sie keine Freude mehr am Durchstreifen der Galerien und Museen empfinden ließ.

Sie kehrte im Januar 1844 nach Berlin zurück. Prinz Albrecht hatte sich inzwischen in die Tochter des damaligen preußischen Kriegsministers von Rauch verliebt, dessen Garten an den Park des Albrecht-Palais grenzte. Nur war seiner Gattin jene Toleranz und stoische Gleichgültigkeit fremd, die anderen Fürstinnen unter diesen Umständen abverlangt wurde. Außergewöhnlich für ihre Zeit verlangte Prinzessin Marianne die Scheidung. Als sie zur Regelung des väterlichen Nachlasses nach Den Haag reiste, bat sie ihren Bruder König Wilhelm II., ihr dies zu ermöglichen, zunächst vergeblich. Vorerst verweigerten der preußische und der niederländische Hof ihre Zustimmung zu einer offiziellen Trennung. Prinzessin Marianne begegnete der Entscheidung ihres Bruders mit trotzigem Eigensinn. Sie kehrte nicht mehr zu ihrem Mann zurück.

Die Villa Sommariva am Comer See erhielt nach der Tochter Mariannes den Namen Carlotta.

Mit der prachtvollen Villa Sommariva am Comer See erwarb sie einen ersten Wohnsitz außerhalb Preußens, am Einfallstor nach Italien. Die von dem Mailänder Bankier Clerici im 17. Jahrhundert erbaute Villa, die 1804 in den Besitz des Kunstmäzens Gianbattista Sommariva überging, war schon im 19. Jahrhundert berühmt für ihre Ausstattung mit wertvollen Kunstwerken. Dazu zählte das von Bertel Thorvaldsen ursprünglich für den Quirinalpalast in Rom vorgesehene Marmorrelief „Einzug Alexanders des Großen in Babylon". Allein für die Kunstwerke zahlte Prinzessin Marianne nach eigenen Angaben in ihrem Testament 1.000.000 Francs. Von November bis Anfang Dezember 1844 korrespondierte sie noch von ihrem neuen Besitz am Comer See mit der preußischen Königin. Das Weihnachtsfest verbrachte sie in Florenz. Von dort begab sich Prinzessin Marianne wieder nach Rom.

Die Freiheit ihres unabhängigen Lebens hatte einen hohen Preis. Es fiel Prinzessin Marianne sehr schwer, von ihren Kindern getrennt und von den wichtigen Ereignissen aus deren Leben ausgeschlossen zu sein. Wehmütig klagt sie im Januar 1845 während ihrer Zeit in Rom:

> *„Ich, die der Welt adieu sagte, bin unsensibel geworden für ihre Leiden ebenso wie für ihre Freuden."*

Seit der Trennung befanden sich ihre beiden Töchter und ihr Sohn Albrecht in der Obhut von Königin Elisabeth, der Frau des seit 1840 regierenden Königs Friedrich Wilhelms IV. Ihre Ehe war kinderlos geblieben. Prinzessin Marianne war auf Arrangements und langfristige Verabredungen angewiesen, wollte sie Charlotte, Albrecht und Alexandrine wiedersehen. Dass sie den neunten Geburtstag ihres Sohnes im Mai 1846 gemeinsam mit ihm feiern konnte, verdankte sie einer Einladung des Königs nach Potsdam. Ein Jahr später, an dem Tag, an dem er das zehnte Lebensjahr vollendete, wurde der junge Prinz Albrecht nach Hohenzollernsitte in die preußische Armee eingereiht und mit der Übergabe der Uniform zum Sekondlieutnant à la suite des ersten Garderegiments zu Fuß ernannt. Und eben jenes „zu Fuß" beunruhigte die weit entfernte Mutter, die im Mai 1847 an Elisabeth schreibt:

> *„Es bricht mir das Herz, nicht in Potsdam sein zu können und zu sehen, wie mein Sohn in der Parade vor dem König marschiert, ich erinnere mich nur zu gut, wie ich seinen Vater gesehen habe, als er marschierte und sich besonders strecken musste, um mit den Grenadieren Schritt zu halten."*

Der Stolz der Mutter müsse eben erniedrigt werden durch diese Prüfungen, die sie so verändert haben, wofür sie Gott danke, obwohl sie wusste, dass sie

> *„weit davon entfernt ist, das zu sein was sie sein sollte oder könnte"*.

Der Brief, den Marianne aus Neapel an ihre Schwägerin Elise schrieb, bezeugt eindrucksvoll ihre mütterlichen Sorgen und die verzweifelten Versuche, trotz der großen Entfernung noch Einfluss auf die Entwicklung ihrer Kinder zu nehmen. Besonders am Herzen lag Prinzessin Marianne die nahende Konfirmation ihrer Tochter Charlotte. Es war ihr wichtig, sie in ihrem Glauben gesegnet zu sehen, und, mit einer Anspielung auf die ersten Hochzeitsgerüchte, *„ohne mondäne Ablenkungen"*. Im Mai 1847 war sie noch voller Vorfreude, diesem wichtigen gesellschaftlichen Ereignis beiwohnen zu können. Warum es ihr aber letztendlich nicht vergönnt war, ihre Tochter zur Einsegnung zu begleiten, und welche Hoffnungen sie auf einen versöhnlichen Umgang mit ihrem Gatten gehegt hatte, dokumentiert ihr Brief an Prinz Albrecht von Preußen vom Februar 1848:

Brief Mariannes an ihren Ehemann Albrecht

> *„Mein lieber alter Abbat*
> *Unschlüssig wie ich mein Brieflein anfangen sollte, da ich dir so lange nicht schrieb und so manches sich zwischen uns gedrängt hat, entschloß ich mich, wie ehedem die Sprache des Herzens zu schreiben. Du bist nun zwar nicht mehr mein Gemahl, aber bist und wirst stets bleiben, mein Lieber Vetter und mein Bruder in Christo unserem Herrn, dem du eben so wie ich, in der Taufe geweihet worden bist. Alt bist du nun zwar nicht, doch für mich bist du mein lieber Alter, da es unsere Liebe ist, die alt ist: Wir waren dreizehn Jahr alt als sie begann!!! Die Erinnerung am heiligen Taufbund liegt recht nahe wenn die Konfirmation unserer Tochter heran nahet. Du hattest versprochen, ohne Condizionen, bei dieser*

feierlichen Gelegenheit mich wieder sehen zu wollen, doch ich fühlte wie peinlich dir dieses abgezwungene Versprechen sein musste und erklärte deshalb dem Könige dein Bruder bei meiner Anwesenheit in Potsdam und hernach in meinem Brief vom 16. Oktober, daß ich nicht zur Einsegnung unserer Tochter nach Berlin kommen würde, wenn du dich zu der Zeit dort befinden solltest. Mein späterer Brief an deinen Bruder Wilhelm schrieb ich in der Hoffnung dein Herz zu rühren für dein altes, Charlottes Mama, und dich dahin zu stimmen freundlich die Erklärung zu geben mich wieder sehen zu wollen um mit mir gemeinschaftlich unser Kind zu segnen. Doch diese Hoffnung ward, wie so manche andere, getäuscht, es war Gottes Willen nicht, daß ich gelingen solle, und deine mir durch Wilhelm überbrachte Antwort raubte mir die letzte Hoffnung auf unsere Versöhnung, wozu das nahe Abendmahl unserer ältesten Tochter eine so schöne Gelegenheit darbot. Ueber diese traurigen Verhältnisse erinnere ich dich noch ein Mal daran, dass ich mich nicht aufdrängen wollte und dir deine Freiheit bereits 1842 gegeben haben würde, wenn der König, dein Bruder nicht verlangt hätte, dass ich alles tun solle um dich zurück zu führen. Dein Glück habe ich gewollt als wir vereint waren; deine Ruhe und deinen Frieden will ich befördern, nun dass wir getrennt sind: aber meine Kinder lieben mich, wie ich sie liebe, deshalb kann ich mich von ihnen nicht trennen; sie sehen zu können ist daher meine Bedingung. Welch ein Opfer ich bringe, und zwar deinem Frieden bringe, dass ich nicht zur Einsegnung komme lässt sich nicht mit Worten beschreiben, wenn du dich aber das Herz deiner Frau erinnerst dann wirst <u>du</u> es begreifen. O wenn du dich entschließen könntest mich aus All* die Hand zur Versöhnung zu reichen! Doch wenn du das nicht kannst, wie kannst du teilnehmen am Opfer der Versöhnung, am heiligen Abendmahle des Herrn? Ich gehe zu weit mein lieber Abbat, und fühle es wohl, das hast du mit Gott und deinem Gewissen abzumachen; mit das meinige aber verträgt es sich nicht, mich länger durch königliche Macht befehlen zu lassen die Gemahlin eines Mannes zu sein der mich los sein will, obgleich er dazu keinen Grund angeben kann als seine Abneigung, ja seinen Haß'es gegen einer unschuldigen Frau, die ihn dennoch bis zum Tode gut bleiben wird, und für ihn betet auf das Gott ihm den Frieden und die Ruhe des Herzens schenken möge welche sie, durch seine Gnade in so hohen Maßen genießt.*

Marianne

* *Im Original nicht lesbar.*

Prinzessin Marianne war nicht mehr bereit, den Konflikt zwischen der von ihr erwarteten Wahrung höfischen Anstands und ihrer Sehnsucht nach Glück und einer aufrichtigen Liebe zu ertragen. Es war der letzte Versuch, sich mit ihrem Gatten zu einigen. Der Brief lässt keinen Zweifel daran, dass sie sich ohne eine versöhnliche Annäherung nicht mehr durch „königliche Macht" an ihn binden lässt.

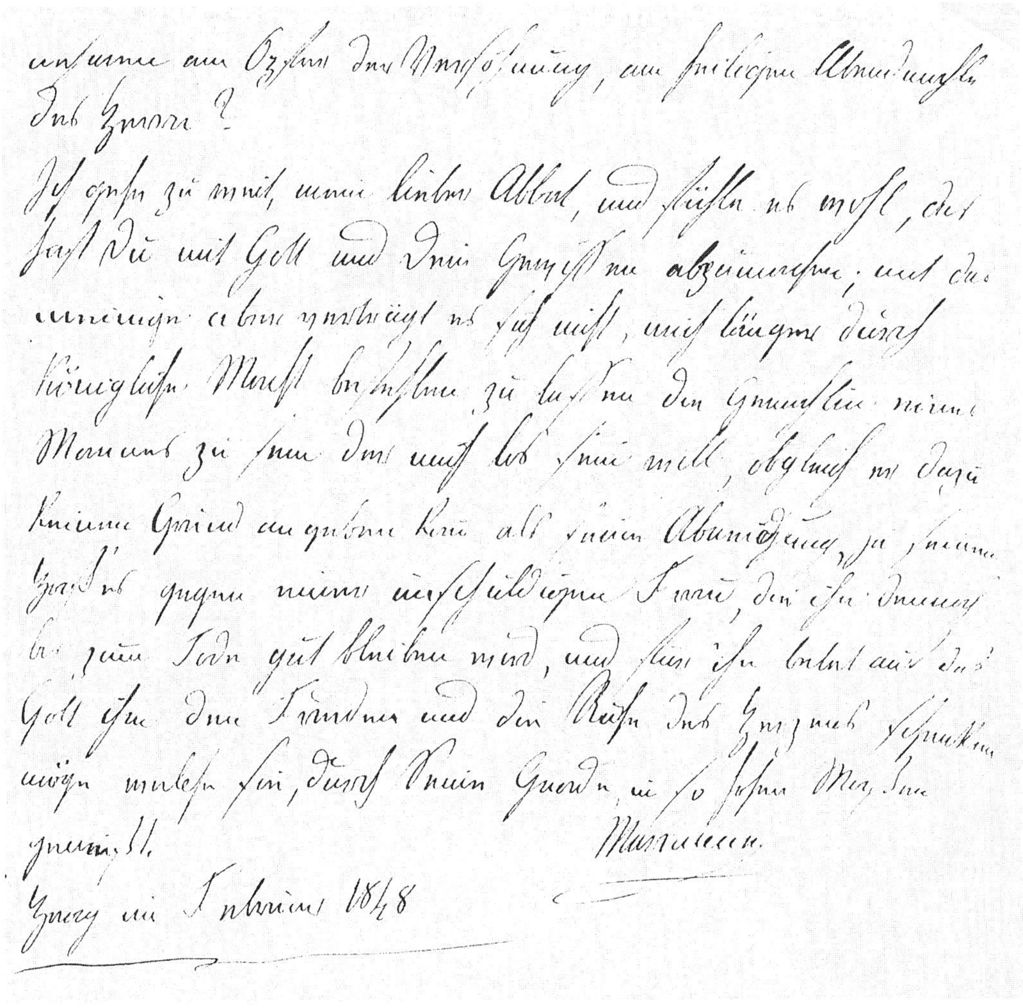
[illegible] am Ostern der Versöhnung, am heiligen Abendmahle des Herrn?
Ich gehe zu mir, mein lieber Albert, und fühle es wohl, das hast Du mit Gott und Deinem Gewissen abzumachen, und [illegible] erträgt es sich nicht, mich länger durch königliche Macht befehlen zu lassen, die Gemahlin eines Mannes zu sein, der mich los sein will, obgleich er dazu keinen Grund angeben kann als seine Abneigung, ja seinen Haß gegen seine unschuldige Frau, die ihm immer bis zum Tode gut bleiben wird, und [illegible] Gott [illegible] Deine Sünden und die [illegible] möge [illegible] sein, durch Deinen [illegible], in so [illegible] Deine getreue [illegible]
Marianne.
[illegible] im Februar 1848

Originalausschnitt des Briefs

Auf Reisen

Nachdem Prinzessin Marianne den ehelichen Wohnsitz in Berlin verlassen hatte, begann ein unstetes Leben auf Reisen. Befreit von den strengen Reglements des preußischen Hoflebens und ihrer unglücklichen Ehe folgte sie einem fast unstillbaren Bedürfnis nach kultureller Bildung und das führte sie vermehrt nach Italien. Ihre intensive Reisetätigkeit darf aber nicht nur biografisch als individueller oder gar als emanzipatorischer Befreiungsakt gesehen werden. Sie war wesentlich Teil der geistesgeschichtlichen Tendenzen ihrer Zeit, gestützt durch die rasante verkehrstechnische Entwicklung. Verbesserte Verkehrswege und der gewaltige Fortschritt des Eisenbahnverkehrs nach der Erfindung der Dampfmaschine hatten ein neues, ein bewegtes Lebensgefühl hervorgebracht. Die bis dahin durch Pferdestärken und Wind begrenzten Möglichkeiten menschlicher Reisegeschwindigkeit waren überwunden. Die Eisenbahn erlaubte die drei- bis vierfache Geschwindigkeit, die den bildungshungrigen und entdeckungsfreudigen Reisenden entgegenkam.

Besonders der Reiseverkehr nach Italien und Rom hatte unmittelbar nach den Befreiungskriegen einen beachtlichen Aufschwung genommen. Anders als in früheren Zeiten reiste man vornehmlich, um sich wissenschaftlich und künstlerisch zu bilden. Und die wohlhabenden Reisenden höherer Stände wussten das angenehme Leben unter den klimatischen Vorzügen des Südens mit den seit Winckelmann und Goethe verbreiteten Bildungsidealen zu verbinden. Rom war zu einem Muss in den höheren Kreisen geworden, der Jetset des 19. Jahrhunderts wandelte in den Ruinen und Sehenswürdigkeiten der Ewigen Stadt.

Aufenthalte in Rom, Neapel, Ischia, Paris

Entsprechend der Gepflogenheit begüteter Reisender blieb Prinzessin Marianne jeweils mehrere Monate während der klimatisch angenehmen Saison im Frühjahr und im Winter, wobei ihre Aufenthalte in Rom mit Kuren in Neapel oder auf Ischia und Einkaufstouren nach Paris wechselten. Die heimatlichen Intermezzi verbrachte sie anfänglich meist auf ihren schlesischen Gütern oder in den Niederlanden, wo sie zu ihrer großen Freude auch ihre Kinder wieder sehen durfte.

Marianne nutzt die neuen Reisetechniken Eisenbahn und Dampfschiff.

Verfolgt man das Leben Prinzessin Mariannes, ist ihre Mobilität selbst unter den Prämissen heutiger Reisestandards erstaunlich. Mit einer faszinierenden Selbstverständlichkeit nutzte sie die noch jungen Reisemittel ihrer Zeit. Während Theodor Fontane noch 1879 mit der „Brücke am Tai" die Angst der Menschheit vor der dampfenden Gewalt moderner Technik lyrisch verarbeitete, war Prinzessin Marianne mit ihrem Gefolge per Eisenbahn und Dampfschiff unterwegs durch Europa, im Gepäck mehrere Kutschen für die Wegstrecken, die nicht an das Eisenbahnnetz angeschlossen waren. Im Herbst des Jahres 1846 begab sie sich, mit einem Zwischenstopp in ihrer Villa am Comer See, wieder nach Rom. Wie bei ihrem letzten Besuch residierte sie im Hotel Meloni an der Piazza del Popolo. Auch im Ausland verzichtete sie nie auf ihre „königliche" Lebensweise. Am 6. Dezember bot sei ein grandioses Festmahl zu Ehren des 54. Geburtstages ihres Bruders Wilhelm II. Das Fest gipfelte in Trinksprüchen auf den niederländischen König und in einem Gelegenheitsgedicht des Malers Abraham Teerlink, das zwar nicht zum Meisterstück, aber dafür umso pathetischer geriet. Der fast sechsmonatige italienische Aufenthalt wurde in Neapel fortgesetzt mit Ausflügen nach Pozzuoli, Bajae, Cumae, la Solfutara, le Vesuve, Pompeji, Castellamare, Sorrent und la Cava. Besonders die Hafenstadt Pozzuoli war eines der immer wieder aufgesuchten Ausflugsziele Prinzessin Mariannes.

Viele Einzelheiten ihrer Romreisen sind den ausführlichen Berichten der niederländischen Gesandtschaft am Heiligen Stuhl zu verdanken, namentlich dem Grafen Auguste de Liedekerke-Beaufort, der den Außenminister in Den Haag über Ankunft und Aufenthaltsdauer von Mitgliedern des niederländischen Königshauses zu unterrichten hatte. Er sorgte für die formale Abwicklung und darüber hinaus für alles, was die Besuche der hohen Reisenden angenehm machte. Aber wohl niemand beanspruchte den Einsatz und die Unterstützung der niederländischen Gesandtschaft, insbesondere die Geduld des Grafen de Liedekerke, so wie Prinzessin Marianne. Viele Briefe, die mit den Jahren auch mehr und mehr persönlichen Inhalts waren, wechselten zwischen dem Gesandten und der niederländischen Prinzessin und so manche Klage Mariannes über die abweisende Haltung des preußischen Hofes und ihrer niederländischen Verwandten füllten die Seiten ihrer Briefe an den Grafen de Liedekerke, was sein diplomatisches Taktgefühl öfter einer schweren Prüfung unterzogen haben muss.

Mariannes schlesisches Landgut Kamenz

Am 9. Mai 1847 begab sich Prinzessin Marianne bis zum 18. des Monats wieder nach Rom, setzte dann die Reise von Ancona nach Triest mit einem Dampfschiff fort, das sie für sich, ihre Leute und ihre fünf Kutschen von dort bestellt hatte. Über Wien reiste sie anschließend auf ihr schlesisches Landgut Kamenz. Die Ankunft war für den 26. Mai vorgesehen, damit Marianne von dort ihren Kindern entgegenfahren konnte, die am 31. Mai vom König in Berlin nach Kamenz geschickt wurden.

Marianne auf Bergtour (Maler unbekannt), Sammlung Reinharts-hausen

Johannes van Rossum

Johannes van Rossum (1809–1873)

Im März 1848 kaufte Prinzessin Marianne in ihrer niederländischen Heimat das Landgut Rusthof aan de Vliet in Voorburg, nahe Den Haag, das sie später noch durch die Anwesen Leeuwensteyn, Noordervliet und Klein-Rusthof erweiterte. Das malerisch gelegene, im Vergleich zu ihren bisherigen Wohnsitzen eher bescheidene Rusthof umfasste außer dem aus dem 17. Jahrhundert stammenden Herrenhaus alle notwendigen Nebengebäude wie Stallungen und Kutschhäuser sowie einigen Landbesitz. In der Stille des kleinen niederländischen Dorfes fand Prinzessin Marianne Abstand zu den an den europäischen Höfen verbreiteten Gerüchten um ihre Scheidung, die besonders ihren nervösen Bruder Wilhelm II. verärgerten. Ihr Einzug im Mai des Jahres, an ihrem 38sten Geburtstag, wurde von der Voorburger Bevölkerung begeistert gefeiert. Die Häuser waren mit Fahnen geschmückt und eine Kommission aus den Mitgliedern des Gemeinderats um den Bürgermeister bildete ein offizielles Empfangskomitee. Auch ihr Bruder mit einem Großteil ihrer niederländischen Königsfamilie machte einen Antrittsbesuch auf Rusthof. Prinzessin Marianne verwöhnte die kleine niederländische Gemeinde durch viele wohltätige Unternehmungen. Und dafür, dass ihr der Kirchenrat der reformierten Kirche eine Bank anbot, spendete sie weitere hohe Beträge. Aber schon ein Jahr nach ihrem Einzug gab es die ersten Gerüchte, dass sie Voorburg wieder verlassen würde.

Veränderungen im Leben Mariannes durch Johannes van Rossum und der Verstoß gegen die ständischen Regeln

Als Bediensteter von Prinzessin Marianne war auch der Niederländer Johannes van Rossum nach Voorburg gekommen. Er stammte aus Den Haag, war dort 1809 in einem Arbeiterviertel zur Welt gekommen und hatte sich aus bescheidenen Verhältnissen bis zum Gehilfen in einer Notariatskanzlei hochgearbeitet. 1830 wurde er zum Militärdienst einberufen und danach konnte er an der Stelle seines verstorbenen Vaters als Lakai in die Dienste Wilhelms I. eintreten. Nach dem Tod von Mariannes Vater übernahm Marianne Van Rossum in ihre Dienste. Zuerst war er Lakai-Kutscher im Albrecht-Palais in Berlin und als Prinzessin Marianne ihren Mann verließ, begleitete er die niederländische Königstochter als Bibliothekar und Sekretär auf allen Reisen. Er wurde zu ihrem engsten Vertrauten. Und mehr noch, er schenkte ihr die Zuneigung und das Verständnis, das ihr so lange versagt geblieben war. Es war in dem kleinen niederländischen Ort bald ein öffentliches Geheimnis, dass die Schwester des Königs ein Liebesverhältnis mit ihrem Bediensteten eingegangen war. Obendrein behandelte Prinzessin Marianne ihren Geliebten als

Rusthof aan de Vliet in Voorburg, Den Haag

gleichgestellten Partner und ließ sich auch bei offiziellen Anlässen von Johannes van Rossum begleiten. Damit verstieß sie gleich gegen zwei „Gesetzmäßigkeiten" ihres aristokratischen Standes: Zum einen war sie als Frau ein „unzüchtiges", also uneheliches intimes Verhältnis eingegangen, und zudem verletzte sie mit der Wahl eines bürgerlichen Untertanen als Geliebten das „Gesetz der Ebenbürtigkeit". Mehr noch als Prinzessin Marianne machte sich Johannes van Rossum des größten gesellschaftlichen Frevels schuldig, da er es gewagt hatte, diese Standesschranke zwischen Fürstin und Untertan zu überschreiten. Seine Anwesenheit in den höheren Kreisen war eine Beleidigung für diese und Prinzessin Marianne zog den Zorn ihrer Familie auf sich.

„Klein Rusthof" in Voorburg

Sie war durchaus nicht das einzige Mitglied eines regierenden Hauses, das sich des Vergehens einer unstandesgemäßen Verbindung schuldig machte. In ihrem engsten Familienkreis gab es viele „Vorbilder" für Liebesbeziehungen und Eheschließungen, die nur dem Herzen gefolgt waren und nicht familienpolitischen Interessen. Erst wenige Jahre zuvor hatte ihr Vater, Wilhelm I., mit seiner nicht standesgemäßen zweiten Ehe ein tiefes Zerwürfnis mit seinem ältesten Sohn herausgefordert und sein Ansehen bei der niederländischen Bevölkerung eingebüßt. Auch Prinz Albrecht von Preußen kämpfte am preußischen Hof um die Erlaubnis, offiziell von Marianne geschieden zu werden, um seine bürgerliche Geliebte Rosalie von Rauch heiraten zu können. 1853 setzte er seinen Willen durch. Doch trotz der Erhebung seiner Frau in den Stand einer Gräfin von Hohenau blieb diese Ehe standesungleich, eine morganatische Verbindung. Der jüngste preußische Prinz musste Berlin verlassen und verlegte seinen neuen Familiensitz nach Dresden auf Schloss Albrechtsberg.

Karl August Varnhagen von Ense, einer der führenden Schriftsteller der Berliner Romantik, berichtete mit einer gewissen Vorliebe über die gesellschaftlichen Skandale bei Hof. In seinen zeitgeschichtlich wertvollen „Denkwürdigkeiten und vermischte Schriften" berichtet er:

„Während der König [Friedrich Wilhelm IV.] und seine frommen Günstlinge mit kirchlichem Eifer die Wohltat der Ehescheidung dem Volke zu entziehen suchten, hatte dieses die Schadenfreude, in der königlichen

Familie selbst eine Ehescheidung angesetzt zu sehen, indem Prinz Albrecht aus triftigen Gründen darauf bestand, von seiner Gemahlin geschieden zu werden.“

Nebenbei bemerkt dürften dem preußischen Literaten die freigeistigen Gedanken weiblicher Emanzipationsversuche nicht fremd gewesen sein, gilt seine eigene Frau Rahel, geborene Levin, die einen der bedeutendsten literarischen Salons in Berlin führte, als eine Vorkämpferin der Frauenbewegung. Rahel Levin mag als Frau des jüdischen Bürgertums wenig mit Prinzessin Marianne verbunden haben, aber beiden Frauen war jene Sehnsucht nach der Freiheit des Geistes und ein zutiefst menschlicher Gleichheitsgedanke eigen.

Scheidung von Albrecht von Preußen

Dass Varnhagen von Ense die „triftigen“ Gründe für eine Scheidung aufseiten des Gatten sah, erklärt sich daraus, dass die Liebesbeziehung Prinzessin Mariannes zu dem zu ihrer Dienerschaft gehörenden Niederländer auch in anderer Hinsicht nicht ohne Folgen blieb. Prinzessin Marianne erwartete ein Kind von Johannes van Rossum. Damit war die Scheidung, die man ihr bis dahin verweigert hatte, obligat, die Gründe nun „triftig“ genug. Nun galt es einem noch größeren Skandal zuvorzukommen und am 28. März 1849 wurde die Scheidung ausgesprochen. Ihr folgte die Verbannung Mariannes vom preußischen Hof und damit verbunden die schmerzliche Trennung von ihren drei Kindern aus der Ehe mit Albrecht von Preußen. Für den Rest ihres Lebens sollte das Verbannungsdekret sie für das kompromisslose Einreißen der Standesschranken und ihren unzeitgemäßen Eigensinn bestrafen.

Eine morganatische Ehe zwischen Prinzessin Marianne und ihrem Bediensteten war nicht möglich, da Johannes van Rossum bereits verheiratet war. 1837 war er die Ehe mit der ebenfalls im Haag geborenen Catharina Wilhelmina Keijzer eingegangen. Sie hatten keine gemeinsamen Kinder und wie Johannes van Rossum zu seiner Ehefrau stand, ist nicht bekannt. Er ließ sich aber nicht von ihr scheiden. Die Frage, ob Marianne überhaupt auf eine äußere Legalisierung ihrer Beziehung Wert legte, ist ohnehin zweifelhaft. Zumindest spitzte sich die gesellschaftlich prekäre Lage wohl derart zu, dass sich Prinzessin Marianne zunächst wieder auf Reisen begab, um dem Ruf des niederländischen Königshauses nicht weiter zu schaden.

Von Amsterdam nach Alexandrien

Während ihrer ersten Aufenthalte in Rom lernte Prinzessin Marianne den Theologen Heinrich Thiele kennen, der 1842 die Nachfolge als preußischer Gesandtschaftsprediger angetreten hatte. In dieser Funktion betreute Thiele eine große Schar protestantischer Romreisender, vor allem aus dem preußischen Königshaus. Ihm oblag auch die Seelsorge der aus ihrer unglücklichen Ehe entflohenen Prinzessin Albrecht. Aus Neapel schreibt Marianne 1847 begeistert an die preußische Königin, dass sie ihr Studium der italienischen Sprache vernachlässige, da sie mit Pfarrer Thiele die Epistel der heiligen Apostel las und daraus Auszüge anfertigte, die sie später in der Ruhe auf ihrem schlesischen Landgut in Reinschrift übertragen wolle. Enthusiastisch berichtet sie ihrer Schwägerin, dass sie außerdem gemeinsam die Lektüre der Apokalypse beendet hätten, die sie noch nie als Ganzes gelesen habe und dass sie angetan war von der Kraft der erhabenen Worte. Die Begegnung mit Heinrich Thiele, der sich später als profilierter Braunschweiger Theologe für die Neugestaltung des kirchlichen Lebens engagierte, ist sicher nicht ohne Wirkung auf die religiös veranlagte Prinzessin geblieben. Thiele reiste im Januar 1848 nach Jerusalem. Es könnte der Anstoß für das Interesse Prinzessin Mariannes an den Geburts- und Wirkungsstätten der heiligen Apostel gewesen sein und den Wunsch geweckt haben, jene Orte, die das Leben der Heiligen lebendig hielten, selbst aufzusuchen. 1849, auf dem Höhepunkt ihres gesellschaftlichen Skandals, begab sich Prinzessin Marianne mit ihrem kleinen Hofstaat auf eine lange, abenteuerliche Reise in das Heilige Land.

12. Geburtstagsfeier für Sohn Albrecht auf Rusthof

Ende Mai und Anfang Juni 1849 genoss Prinzessin Marianne noch einen Besuch ihrer drei Kinder, mit denen sie Den Haag und Scheveningen besichtigte. Auf Rusthof feierten sie gemeinsam den 12. Geburtstag von Sohn Albrecht. Salutschüsse und ein Feuerwerk bekrönten einen schönen Tag. Aber Prinzessin Marianne begann schon mit den Vorbereitungen für eine große Reise. Sie hatte Kontakt aufgenommen zu dem Prediger Gerhard Heinrich van Senden aus Zwolle. Es war jener Theologe, der 1830 eine Hymne auf ihre Vermählung verfasst hatte, den sie als gebildeten und bibelfesten Begleiter einlud eine Reise anzutreten, die er sich aus eigenen Mitteln nicht hätte leisten können. In der Funktion als Geistlicher und Geograf ihrer Königlichen Hoheit wurde er für das mehrmonatige Abenteuer engagiert. Ebenso der waffenkundige Jakobus Hartmann, der zum Hofmeister ernannt wurde und die Prinzessin beschützen sollte. Jakobus Hartmann führte ein Tagebuch, das den Reiseverlauf und wichtige Begebenheiten der mehrmonatigen Reise festhielt. Auch die niederländischen Gazetten berichteten ausführlich über die fernen Ziele Ihrer Königlichen Hoheit. Am 2. Juli 1849 ging Prinzessin Marianne in Begleitung von Johannes van Rossum, dem Geistlichen van Senden und ausreichend Personal in Amsterdam an Bord des Dampfschiffes „Wilhelm I.", das für mehrere Monate gemietet war. In Etappen führte die Reise über Le Havre und Lissabon nach Cadiz, wo das Schiff am 5. August vor Anker ging und die Reisegesellschaft mit Booten nach Sevilla übersetzte. Das Reisen zu Wasser bedeutete, dass an jedem angelaufenen Hafen zunächst vorgeschriebene Quarantänezeiten eingehalten werden mussten, bevor der Prinzessin mit allen Ehren ein offizieller Empfang an Land bereitet werden konnte. Mit großem Eifer besuchte sie die kulturhistorisch bedeutenden Stätten entlang ihrer Reiseroute und schreckte trotz ihrer Schwangerschaft auch vor beschwerlicheren Etappen ins Landesinnere nicht zurück.

Mehrmonatige Reise ins Heilige Land

Johann Wilhelm Reinhartshausen (1849–1861)

Mitte August wurde die Reise über Malaga und mit einem mehrtägigen Abstecher nach Granada bis an die Nordküste Siziliens fortgesetzt. Am 28. August lief das niederländische Schiff in Palermo ein und nach einer ausführlichen Besichtigungstour verließ die „Wilhelm I." am Abend des 8. September die sizilianische Hafenstadt Richtung Catania, beleuchtet von hunderten von Gaslaternen. Zwischen Messina und Palermo verließ Prinzessin Marianne mit Johannes van Rossum, Van Senden und einem Teil ihres Gefolges das Schiff und blieb in dem kleinen Ort Cefalu, der auf einem schmalen Landstreifen zwischen dem Meer und dem imposanten Felsen malerisch an der Küste liegt. Weit entfernt vom höfischen Skandal in ihrem Heimatland wartete sie dort auf die bevorstehende Geburt ihres Kindes. Am 30. Oktober 1849 schenkte sie in dem kleinen sizilianischen Dorf einem gesunden Jungen das Leben, dem Kind ihrer illegitimen Liebe zu Johannes van Rossum. Nach seinem bürgerlichen Vater und seinem königlichen Großvater erhielt er den Namen Johannes Wilhelm. Unter der Obhut eines Teils ihres Personals blieb ihr Sohn zunächst in Cefalu zurück und Prinzessin Marianne setzte schon Mitte November, nur zwei Wochen nach der Geburt, ihre Reise nach Ägypten, Palästina und Syrien fort.

Bis Malta erfolgte die Reise noch mit dem vertrauten Dampfschiff, dann musste die „Wilhelm I." in die Heimat zurückkehren, weil die ursprünglich vorgesehene Reisezeit zu Ende ging. Mit einem englischen Schiff setzten

Prinzessin Marianne und ihre Gesellschaft die Fahrt nach Alexandrien und von dort nach Kairo fort. Aufgeschlossen und unermüdlich sammelte sie die ungeheure Vielfalt kultureller Eindrücke. Auch der Besuch von Ägypten bot neben dem gewohnten offiziellen Empfang durch den Generalkonsul, der Unterbringung im besten Hotel am Platze, dem Besuch der Bellini-Oper „Norma" und der Besteigung und Besichtigung einer Pyramide ein gepflegtes touristisches Programm für die niederländische Prinzessin. Aber erschreckt und verwirrt erlebt sie den Besuch eines Sklavenmarktes, auf dem zumeist gestohlene Kinder zum Kauf angeboten wurden. Als die Reisegesellschaft auf dem Weg nach Jerusalem in Alexandrien darauf wartet ein Dampfboot für die Weiterreise nach Joppe mieten zu können, trifft die niederländische Prinzessin wieder einmal in ihrem Leben eine einsame Entscheidung: Sie kaufte für 150 Gulden einen Sklavenjungen, steckte ihn in prächtige türkische Kleider, gab ihm satt zu essen und nahm ihn mit in ihre niederländische Heimat. Als er auf dem Landsitz Rusthof ankam, sprach er schon ein wenig holländisch und besuchte geregelt die Schule in Voorburg und später ein Internat in Leiden.

Mohrenjunge (Maler unbekannt), Sammlung Reinhartshausen

Auf den Spuren des Apostels Petrus führte die Reise im Januar 1850 mit einem Gouverneursboot weiter nach Jaffa. Das nächste Reiseziel, Jerusalem, war nur zu Pferd zu erreichen. Die protestantische Fürstin aus dem Abendland zog mit ihrer zwölfköpfigen Gesellschaft, das Gepäck auf zwanzig Pferden und zwei Kamelen verstaut, in Begleitung von türkischen Reitern, dem Konsul und dem Gouverneur von Pramleh durch die Tore von Jerusalem. Der imposante Einzug Mariannes wurde vermutlich nur noch durch den des deutschen Kaisers Wilhelm II. überboten, der ein halbes Jahrhundert später in einer theatralischen Verkleidung, halb Kreuzritter, halb Lohengrin, in Jerusalem einritt. Neben den Besuchen der historischen Orte aus dem Leben Jesu Christi verbrachte Prinzessin Marianne viel Zeit damit, Bischöfe und andere hohe Würdenträger zu empfangen. Ihr geistlicher Reisebegleiter Van Senden terminierte die Audienzen Ihrer Königlichen Hoheit.

Nach acht Monaten in der Fremde trat Prinzessin Marianne im Februar 1850 die Rückreise an, die noch mehrere Monate in Anspruch nahm. Erst Ende Mai erreichte man wieder Neapel und am 23. Juli, nach fast dreizehn Monaten auf Reisen, das heimatliche Voorburg. Aber nur für kurze Zeit hielt sich Prinzessin Marianne auf ihrem Landgut Rusthof auf. Es zog sie zu ihren Kindern nach Deutschland. Tochter Charlotte hatte am 18. Mai geheiratet und ihre Mutter machte ihr ein wahrhaft großes Geschenk, die Villa am Comer See. Im September wurde die Schenkung in Frankfurt am Main beurkundet.

Gerhard Heinrich van Senden (1793–1851) wurde einer der führenden Kanzelprediger seiner Zeit. Seine Reiseerlebnisse veröffentlichte er 1851: „Het Heilige Land, of Mededeelingen uit een reis naar het Oosten, gedaan in de jaren 1849 en 1850 in gezelschap van hare Koninklijke Hoogheit de princes Marianne der Niederlanden".

Römisches Leben

Noch am 2. Oktober 1850 erwartete man die Rückkehr Prinzessin Mariannes in Voorburg, da ein Teil ihres Gefolges bereits dort eingetroffen war. Nur wenige Tage später, am 9. Oktober, aber korrigierte sich die Presse und vermeldete, dass sich die hochgeborene Einwohnerin des beschaulichen Dorfes nach Rom begeben habe. Hatten sich die niederländischen Berichterstatter nur geirrt oder hatte Prinzessin Marianne ihre Pläne geändert, weil sie die mutige Entscheidung getroffen hatte, ihr in Cefalu geborenes Kind zu sich zu nehmen?

Marianne steht zu ihrem illegitimen Sohn.

Die Schande eines unehelich geborenen Kindes wog schwer in der moralischen Wertordnung des 19. Jahrhunderts. Was darüber hinaus aber ganz außerordentlich gegen die Konventionen ihrer adeligen Herkunft verstieß, war der Entschluss, sich zu diesem Kind zu bekennen und es nicht, wie derzeit üblich, in die Hände einer bürgerlichen Familie zu geben. In den höfischen Kreisen ihrer niederländischen Heimat hatte sich der Sturm um die gesellschaftlichen Verfehlungen Prinzessin Mariannes nicht gelegt. Ein Leben mit dem gemeinsamen Kind des bürgerlichen Johannes van Rossum in Voorburg hätte den Skandal noch forciert und dem Ansehen der königlichen Familie geschadet.

Jan Adam Janszoon Krusemann, Der Mutter Reichtum, Sammlung Reinhartshausen

Das war in Italien anders. Schon während ihrer ersten Romreisen genoss Prinzessin Marianne die Aufenthalte im Süden. Im Gegensatz zur strengen Etikette des preußischen Hofes und den standardisierten Formen aristokratischer Geselligkeit, die jeden Umgang mit Personen niederer Stellung untersagte, lebte man unter dem blauen Himmel in der Stadt am Tiber ungezwungener. Das galt vor allem für den Kontakt zur dortigen Künstlerschaft, die in das gesellige Leben integriert war. Besonders Frauen bot der freiere gesellschaftliche Umgang die Möglichkeit mit Menschen in unterschiedlichsten Lebenssituationen zu verkehren. Karoline von Humboldt mit ihren beiden Töchtern, Dorothea von Schlegel, Ottilie von Goethe, die reiche Kölnerin Sybille Mertens-Schaaffhausen oder Esperance von Schwartz, die nach zwei gescheiterten Ehen als geschiedene Frau einen bunten Salon mit internationaler Gästeschar unterhielt, ebenso wie die reiche Wienerin Emma Obermeier, die getrennt von ihrem Gatten mit dem griechischen Hauslehrer ihrer Töchter dort lebte, gehörten zu den vielen Frauen, die während längerer Aufenthalte das gesellige Leben in Rom unterstützten und genossen.

Am 9. Februar 1851 meldete der niederländische Gesandte in Rom, August de Liederkerke, an den Minister von Sonsbeck in Den Haag, dass Ihre Königliche Hoheit Prinzessin Marianne unter dem Namen „Gräfin von Seitenberg" aus Messina in Rom angekommen war. Unter dem Namen ihrer schlesischen Besitzung reiste Prinzessin Marianne öfter, wenn sie sich unerkannt in Italien bewegen wollte.

Sie bezog zunächst das Hotel „Des Iles Britanniques" an der Piazza del Popolo. Noch am Tag ihrer Ankunft waren der niederländische Gesandte und sein Attaché zu Tisch geladen, die ungeachtet des Inkognitos die niederländische Prinzessin erkannten. Im Mai wurde bekannt, dass die „Gräfin von Seitenberg" einen ständigen Wohnsitz in Rom zu kaufen beabsichtigte. Da Prinzessin Marianne die Villa am Comer See im Herbst des vergangenen Jahres ihrer Tochter Charlotte überlassen hatte und ein Leben, wie es die freigeistige Schwester des Königs zu führen beabsichtigte, in ihrer Heimat nicht ohne weiteren gesellschaftlichen Aufruhr möglich war, war der Kauf eines Wohnsitzes in Rom nur folgerichtig. Vor allem dann, wenn sie den festen Entschluss gefasst hatte, ihren unehelichen Sohn Johann Wilhelm nicht in der Obhut einer fremden Familie aufwachsen zu lassen.

Villa und Garten Celimontana in Rom, heute Sitz des Nationalen Geografischen Instituts

Ihre Wahl fiel auf die Villa Mattei am Monte Celio, nahe den Thermen des Caracalla. Erbaut im 16. Jahrhundert von Della Porta für den römischen Herzog Ciriaco Mattei war das Landhaus berühmt für seinen Park und die stattliche Zahl antiker Kunstwerke, die man dort ausgegraben hatte und die zwischen schattigen Lorbeer- und Oleanderhainen den prächtigen Garten zierten. Viele der antiken Werke wurden später verkauft, ein Teil kam in das Vatikanische Museum. Überdauert hat all diese Jahrhunderte und zahlreichen Eigentümerwechsel der ägyptische Obelisk aus der Zeit Ramses' II., den der römische Senat einst Ciriaco Mattei zum Geschenk gemacht hatte. Er steht noch immer in dem heute öffentlichen Park der Villa.

Im Auftrag Prinzessin Mariannes unterzeichnete Johannes van Rossum am 7. Juni 1851 den Kaufvertrag für die Villa am Monte Celio, die darauf den bis heute gültigen Namen Villa Celimontana erhielt. Die Notariatsakte verzeichnet „l'illustrissimo signor Giovanni van Rossum" sogar als Eigentümer der Villa, was das große Vertrauen Mariannes in ihren Lebensgefährten und den Vater des gemeinsamen Sohnes beweist. Obwohl ihr von ärztlicher Seite davon abgeraten wurde, blieb die niederländische

Carel Quaedvlieg (1823–1874), Interieurs der Villa Celimontana, Rom, Sammlung Reinhartshausen*

Prinzessin den ganzen Sommer des Jahres 1851 in Rom und widmete sich der umfangreichen Renovierung und Einrichtung ihrer Villa auf dem Monte Celio. Noch im Juni bezog sie mit einer überschaubaren Hofhaltung das neue Domizil. Zu dieser gehörten neben Johannes van Rossum ein Leibarzt, ein venezianischer Hofmeister namens Zerman und der Niederländer Hartman, der schon seit der langen Reise in das Heilige Land in den Diensten Prinzessin Mariannes stand, eine Kammerzofe, ein italienischer Koch, ein italienischer Gärtner, ein Kutscher und einige Bedienstete, die für die fast täglich sich dort einfindenden Besucher und Gesellschaften der Prinzessin zu sorgen hatten. 1852 holte Prinzessin Marianne ihren Sohn Johann Wilhelm nach Rom, den sie bis dahin regelmäßig auf Sizilien besucht hatte.

Die Villa auf dem Monte Celio erwachte während dieser Jahre zu einem Anziehungspunkt gesellschaftlichen Verkehrs. Angesehene Romreisende ihres Heimatlandes und vor allem aber in Rom lebende niederländische Künstler versammelte sie um sich. Die Maler Cornelis Krusemann, Jan Philip Koelman, Pierrre Louis Duborq, Frans Philippeau und Laurens Lodewijk Kleijn verkehrten dort regelmäßig und wurden von der kunstsinnigen Prinzessin mit Aufträgen bedacht. Prinzessin Marianne widmete sich ausgiebig dem Sammeln von Kunstwerken. Sie erwarb eine umfangreiche Gemäldesammlung, antike und zeitgenössische Statuen und wertvolle Objekte des Kunstgewerbes. Zu den Künstlern, die eine besondere Unterstützung und Förderung erfuhren, gehörte auch der holländische Maler Carel Max Gerlach Antoon Quaedvlieg, der in den letzten Jahren des Aufent-

*Der niederländische Maler Carel Quaedvlieg schuf fünf kleinformatige Ölgemälde, die einen Eindruck von der kostbaren Einrichtung der Villa Celimontana und der dort ausgestellten Kunstwerke vermitteln. Diese Interieurs zählen zu den persönlichsten Bildern, die Prinzessin Marianne mit nach Reinhartshausen brachte.

haltes von Prinzessin Marianne in Rom zeitweise in der Villa Celimontana wohnte und im Auftrag der Sammlerin zahlreiche Veduten und Genreszenen schuf. Quaedvlieg malte auch Interieurs, die die Ausstattung der römischen Villa mit Kunstwerken bildlich festhielten.

Im Jahr 1852 entstand in Rom durch den Maler Koelman das eindrucksvolle Porträt des Johannes van Rossum. Fast lebensgroß porträtiert er den Geliebten von Prinzessin Marianne in vornehmer Kleidung, ausgestattet mit allen Symbolen für Reichtum und Bildung. Im Hintergrund wird durch die Darstellung des berühmten „Sarkophag des Dichters“, der einst im Park der Villa Celimontana stand, auf seine Bedeutung als Bewohner dieses privilegierten Ortes verwiesen. In klassischer Manier an eine Steinbalustrade gelehnt sieht er den Betrachter selbstbewusst an. Mit diesem Porträt, das bezeichnenderweise lange Zeit als Selbstbildnis des Künstlers galt, war Johannes van Rossum zumindest porträttechnisch geadelt.

Johannes van Rossum. Porträt von J. P. Koelman, Rom 1852. Das Bild galt lange als Selbstporträt des Künstlers.

Auch Rom konnte die reiselustige Prinzessin nicht lange an einem Ort halten. Wiederholt wechselten ihre Aufenthalte in der römischen Metropole mit Badeurlauben auf Ischia, Einkaufstouren nach Paris oder Inspektionsreisen auf ihre Güter in Deutschland, Österreich und den Niederlanden. Nach der Wiederaufnahme der Bauarbeiten am Kamenzer Schloss reiste sie ab 1853 auch wieder häufiger auf ihre schlesische Besitzung, um den Innenausbau zu beaufsichtigen. Und stets und selbstverständlich beanspruchte sie dafür den unermüdlichen Einsatz der niederländischen Gesandtschaft.

Denkmäler mütterlicher Liebe

Verbannung aus Preußen

Das Verbannungsdekret von 1849, das Prinzessin Marianne untersagte preußischen Boden zu betreten, erschwerte ihr seit der offiziellen Scheidung das Zusammensein mit ihren Kindern aus der Ehe mit Albrecht von Preußen. Nur auf neutralem Terrain war ein Wiedersehen zeitweilig möglich. In Kamenz, auf ihrem niederländischen Landsitz oder in ihrer Villa am Comer See konnten sie gemeinsame Tage verleben. Von allen offiziellen Feierlichkeiten, die in Berlin stattfanden, blieb Prinzessin Marianne ausgeschlossen. Als ihr Sohn Albrecht im April 1854 sein Glaubensbekenntnis ablegte, versuchte Prinzessin Marianne von Schlesien aus nach Berlin zu reisen. Die Zugangsstraßen blieben für die verzweifelte Mutter versperrt und das preußische Militär hatte Anordnung, sie notfalls mit Waffengewalt an der Weiterfahrt zu hindern. Sie musste sich wie bei der Konfirmation ihrer Tochter Charlotte damit abfinden, diesem wichtigen Ereignis nicht beiwohnen zu können. Doch wo immer sich Prinzessin Marianne auch aufhielt, sie blieb in fürsorglicher Verbindung zu ihren inzwischen fast erwachsenen Kindern und kümmerte sich mit mütterlicher Sorgfalt und Weitsicht um deren standesgemäße Ausstattung. Und es überrascht nicht, dass sie auch hierin, trotz ihres unkonventionellen Lebenswegs, ganz in der Rolle ihres hochadligen Standes die Eheanbahnung für ihre Kinder als eine ihrer wichtigsten mütterlichen Pflichten sehr genau nahm.

Fotografie der Herzogin Charlotte

Bereits 1847 richtete sich Prinzessin Marianne mit dem Wunsch an die preußische Königin Elisabeth, dass ihre Tochter Charlotte gleich nach der anstehenden Konfirmation verheiratet werden solle, damit sie aus der misslichen Lage befreit werde, unter dem väterlichen Dach leben zu müssen. Mit dem Erbprinzen Georg II. von Sachsen-Meiningen war ein Heiratskandidat gefunden, der so recht nach dem Geschmack der kunstliebenden Brautmutter gewesen sein dürfte. Der Sohn des Herzogs von Sachsen-Meiningen galt als umfassend gebildete und vielseitig interessierte Künstlerpersönlichkeit, erzogen durch bedeutende Pädagogen, wie Pestalozzi und Fröbel. Er hatte Kontakte zu den Künstlern aus dem Kreis der deutschen Historienmaler und der Nazarener, wie Karl Friedrich Lessing und Wilhelm Hübner, deren Werke auch Prinzessin Marianne während ihrer Ehezeit gesammelt hatte. Am 18. Mai 1850 heirateten Prinzessin Charlotte von Preußen und Georg II. von Sachsen-Meiningen in Charlottenburg. Das Brautgeschenk, das Prinzessin Marianne ihrer Tochter machte, war die prächtige Villa am Comer See. In der Schenkungsurkunde, die am 23. September 1850 in Frankfurt am Main ausgestellt wurde, verfügte die niederländische Prinzessin, dass diese Villa von nun an den Namen ihrer Tochter tragen solle: „Villa Carlotta".

Heirat der Tochter Charlotte von Preußen mit Georg II. von Sachsen-Meiningen

Erbprinzessin Charlotte sollte die künstlerische Ausgestaltung ihrer Villa, die Georg II. plante, nicht mehr erleben. Zuerst hielten Verpflichtungen das Paar in Meiningen. Am 1. April 1851 brachte Charlotte ihr erstes Kind zur Welt, Bernhard von Sachsen-Meiningen. Rührend besorgt schickte Prinzessin Marianne ihren Koch aus Voorburg in die Dienste ihrer Tochter. Auch als Charlotte im April 1852 zum zweiten Mal Mutter wurde, stand ihr Marianne im Mai einige Wochen zur Seite. Noch einem Mädchen, Marie Elisabeth, schenkte Charlotte das Leben und zwei Jahre später, am 30. Mai 1855 starb sie im Alter von 23 Jahren, nach fünfjähriger Ehe, nur wenige Monate nach dem Tod ihres zweitgeborenen Sohnes.

Marianne, ihre Tochter Charlotte und Georg II. von Sachsen-Meiningen vor der Villa Carlotta am Comer See

Die Villa am Comer See wurde zum Lieblingsaufenthalt Georgs II. von Sachsen-Meiningen, der aufgrund seiner historisch detailgetreuen Inszenierungen am Meininger Hoftheater als „Theaterherzog" in die Geschichte einging. Die Schenkung Mariannes war mit einem zusätzlichen Fonds ausgestattet, der es ihrem Schwiegersohn erlaubte, mit der umfassenden künstlerischen Ausgestaltung des Anwesens zu beginnen. Durch die Heirat mit Charlotte hatte er Beziehungen zu bedeutenden Künstlern am preußischen Hof aufnehmen können, wie dem königlich-preußischen Gartendirektor Lenné, der schon den Garten des Albrecht-Palais gestaltet hatte, oder dem Direktor der Berliner Bauakademie, August Stüler. Nach dem frühen und tragischen Tod seiner Frau blieb das ehemalige Wohnzimmer Prinzessin Charlottes, das so genannte „Eckzimmer nach Cadenabbia" der einzige Raum, der von der jahrzehntelangen Renovierung und Umgestaltung ausgenommen blieb. Zu einem Anziehungspunkt wurde die Villa bis heute durch die prächtigen Gartenanlagen, die jedes Jahr viele Besucher an den Comer See locken. Herzog Georg II. heiratete noch zwei Mal, der Ausgestaltung der Villa Carlotta widmete er sich lebenslang. 1915 wurde das Anwesen unter Aufsicht des italienischen Staates gestellt und kam aufgrund seines hohen nationalen Wertes 1927 endgültig in Staatsbesitz.

Georg II., Herzog von Sachsen-Meiningen, Fotografie um 1910

Schloss Kamenz in Schlesien

Der Liebe und der fürsorglichen Einstellung Prinzessin Mariannes zu ihren Kindern verdankte auch das Schloss im schlesischen Kamenz letztlich seine Vollendung. Nach der Scheidung hatte das von ihr geplante Bauwerk seine ursprüngliche Bedeutung als Residenz der Albrechtlinie des Hauses Hohenzollern verloren. Erst mit der Idee, das Schloss für ihren Sohn Albrecht zu vollenden, bekam das monumentale Bauunternehmen wieder einen Sinn. Im Herbst 1853 kam Prinzessin Marianne nach fast sechs Jahren zum ersten Mal wieder nach Kamenz. Sie hatte sich nie richtig mit der burgartigen Architektur anfreunden können. Aber im Gegensatz zu den architektonisch eher italienisch leichten Vorlieben seiner Mutter war Prinz Albrecht ein glühender Verehrer Schinkels. Um ihn für dieses Projekt zu gewinnen, ließ Marianne ihn daher ab 1855 nach seinen Vorstellungen und im Geiste des von ihm verehrten Architekten künstlerisch walten, behielt sich aber die Prüfung der Ausgaben und Abrechnungen vor, was nach den biografischen Aufzeichnungen von Martius auch zu dem einen oder anderen kritischen Kommentar der finanzierenden Bauherrin führte.

Bis zur Unterbrechung der Bauarbeiten waren die Außenarbeiten am Schloss bis 1848 weitgehend abgeschlossen: ein dreigeschossiger, rechteckiger Baukörper mit einem arkadenumzogenen Innenhof und vier gewaltigen Rundtürmen an den Ecken, die der Anlage bei den Nachfahren Mariannes den Namen „umgedrehte Kommode“ einbrachten. Bezeichnend für die historistisch romantische Haltung der zeitgenössischen Architektur war die Verbindung des kastellartigen Baukörpers mit den aus dem italienischen Villenbau übernommenen Terrassenanlagen, die sich auf der dem Gebirge zugewandten Seite erstreckten. Sie erfüllten ein wichtiges Postulat des landschaftsgebundenen Schlossideals, nämlich den pittoresken Zusammenklang von Architektur und umgebender Landschaft. Die auch durch Fürst Pückler derzeit proklamierte

Forderung, dass ein Schloss ebenso auf die Ansicht wie auf die Aussicht berechnet sein müsse, traf sich in diesem Punkt voll und ganz mit den Forderungen der Bauherrin und führte zu dem bereits erwähnten Einbau eines Zwischengeschosses.

Mit der Wiederaufnahme der Bautätigkeit erfolgte ab 1853 der Innenausbau. Die besten Kräfte wurden für die in durchgängig gotischem Stil gehaltene Inneneinrichtung herangezogen. Ausgesuchte Hölzer, edle, zum Teil vergoldete Tapisserien, kostbare Möbel und Kunstwerke vereinten sich mit den neogotischen Bauformen zu einer vollkommenen stilistischen Einheit.

Als 1857 die oberen Stockwerke fertig gestellt waren, bewohnte Prinzessin Marianne bei ihren Aufenthalten die in diesen Etagen zuerst fertig gestellten Gästezimmer. Meistens residierte sie aber in ihrem nahen Jagdschloss Weißwasser in Österreich-Schlesien. Martius überlieferte, dass Ihre Königliche Hoheit in Kamenz manchmal auch in einem Zimmer des Erdgeschosses abstieg, *„der Bequemlichkeit halber oft den Weg auf einer angelegten Treppe durch das Fenster nehmend“.*

Trotz aller Schwierigkeiten, die die Geschichte dieses Bauwerkes begleitet haben, angefangen von den divergierenden Vorstellungen eines bedeutenden Architekten und einer höchst eigenwilligen Bauherrin, der Unsicherheit des örtlichen Bauleiters, der das Projekt nach dem Tod seines berühmten Meisters in dessen Schatten vollenden musste, und schließlich noch die baukünstlerischen Ambitionen eines preußischen Prinzen, die das Werk zu verkraften hatte, wurde die viertürmige Schlossanlage nach vielen Jahrzehnten 1873 vollendet. Fünfzig Jahre nach dem Baubeginn, und fünf Jahre nach dem Tod der Bauherrin, würdigte Prinz Albrecht von Preußen das gemeinsame Werk von Schinkel, Martius und seiner Mutter mit den Worten:

„Das Werk, das jetzt vollendet, einzig in seiner Art dasteht,
ist ein Schmuck und eine Zierde dieser herrlichen Gegend.
Für den Besucher ein Zeugnis künstlerischen Schaffens,
für die Bewohner ein Denkmal mütterlicher Liebe.“

Schloss Reinhartshausen

Erbach mit Schloss Reinhartshausen um 1800

Schloss Reinhartshausen von der Gartenseite

Seit Prinzessin Marianne ihren ehelichen Wohnsitz in Berlin verlassen hatte, war sie dort zu Hause, wo sie sich wohl fühlte, aber eine Heimat im engeren Sinne, einen Ort, mit dem sie sich verbunden fühlte, gab es nicht mehr. Vermutlich hat der frühe Tod ihrer Tochter Charlotte den Wunsch geweckt, ihren Kindern Albrecht und Alexandrine näher zu sein. Auch die politischen Entwicklungen in Italien, wo die Einigungsbewegung in den 50er-Jahren einen ihrer Höhepunkte erreichte, könnten ihren Entschluss bestärkt haben, die Villa in Rom wieder zu verkaufen. Als sie im Juni 1855 mit Johannes van Rossum und dem gemeinsamen Sohn auf ihrem niederländischen Gut Rusthof logierte, eskalierte die Auseinandersetzung mit ihrem Bruder Friedrich aufgrund der kompromisslosen Offenheit, mit der Prinzessin Marianne ihren unehelichen Sohn vorführte. Unzweifelhaft war sie mit ihrer illegitimen kleinen Familie in der Nähe des königlichen Hauses nicht mehr erwünscht.

Die Möglichkeiten, einen Wohnsitz nicht fern der preußischen Heimat ihrer Kinder zu finden, waren eingeschränkt. Das Königreich Preußen, dessen Boden Prinzessin Marianne nur für 24 Stunden betreten durfte, umfasste vom Niederrhein bis Schlesien ein weit reichendes Territorium. Aber dazwischen gab es noch kleinere Herrschaftsgebiete wie das Herzogtum Nassau, direkt am Rhein und nicht weit von ihrer niederländischen Heimat gelegen. Dort, im Stammland ihrer Vorfahren, erwarb die niederländische Prinzessin im Herbst 1855 das in dem kleinen Weinort Erbach gelegene Schloss Reinhartshausen.

1855: Kauf des Schlosses

In einem Brief vom 15. Februar 1856, auf ihrem niederländischen Gut Rusthof verfasst, unterrichtete sie den niederländischen Gesandten in Rom darüber, dass sie den Kommissar für Altertümer und Kunst ermächtigt hatte, die nötigen Schritte zum Verkauf der Villa Celimontana einzuleiten. Die Gesandtschaft hatte bei der päpstlichen Regierung für die ungehinderte Ausfuhr ihrer Möbel und Kunstwerke zu sorgen, was in der Regel „à des personnes royales" nicht verweigert wurde. Ursprünglich hatte die passionierte Sammlerin beabsichtigt, nur einen Teil ihrer Kunstsammlung mitzunehmen, doch entschied sie anders und das bedeutete, dass mehrere Hundert Gemälde, Skulpturen, Marmorsäulen, Möbel und kunstgewerbliche Objekte verpackt, geschätzt, verzollt und zum Hafen von Civitavecchia transportiert werden mussten, um dann auf dem Seeweg über Amsterdam oder Rotterdam verschifft zu werden. Und dazu blieb seit dem Verkauf der Villa im Dezember nur ein Monat Zeit, da der neuen Besitzerin Prinzessin Laura de Beaufremont die Übergabe der Villa zum 1. Januar 1857 vertraglich zugesagt war. Von Dezember 1856 bis Februar 1857 war Prinzessin Marianne noch in Rom, um den Versand ihrer „quadri e marmi" zu überwachen. Einen Teil der Kunstwerke und Möbel schickte sie von Rom in das schlesische Kamenz. Die unter ungeheurem Zeitdruck stattfindende Räumung der Villa Celimontana hinderte sie aber nicht daran, ihrem Gefolge, das die Ewige Stadt vermutlich nie wieder sehen würde, einen letzten Blick von der Kuppel von Sankt Peter und einen gemeinsamen Besuch der vatikanischen Katakomben zu gönnen. Die nötigen Zugangsberechtigungen hatte wieder die Gesandtschaft zu besorgen.

Prinzessin Marianne, Porträt von Kleijn, Rom 1863

Mit dem Versand ihrer Kunstsammlung endete im Februar 1857 der Aufenthalt von „Sua Altezza Reale la Principessa Marianna dei Paesi Bassi" auf

Clemens August von Westphalen

dem Monte Celio. Seit ihrem ersten Besuch hatte sie in der Ewigen Stadt fast 14 Jahre Hof gehalten, aber doch kein Zuhause gefunden. Das sollte sie erst in ihrem neuen Domizil im Rheingau finden, das sie sich als Heimat für ihre kleine Familie erwählte und das zu einem Ruhepunkt in ihrem Leben werden sollte. Die Ausgestaltung und Einrichtung des geschichtsträchtigen Adelssitzes am Rhein folgte mehr als alle anderen ihrer Besitzungen den persönlichen Präferenzen und Bedürfnissen Prinzessin Mariannes. In der Reihe jener, die diesen Ort mit ihren Idealen und Lebensinhalten nachhaltig geprägt haben, steht sie an vorderster Stelle.

Reinhartshausen umfasste 1855 einen größeren Komplex von Gebäuden, der sich historisch aus zwei verschiedenen Höfen entwickelt hatte. Auf dem westlichen Terrain, dem früheren Allendorf'schen Hof, hatte der Vorbesitzer Clemens August von Westphalen mit der architektonischen Aufwertung des alten Herrensitzes begonnen. Der „Burggraf" entstammte einer der angesehensten Familien Westfalens und vereinigte eine stattliche Zahl von Ämtern – und Bezügen – in seiner Person: Er war kaiserlicher Kammerherr, Geheimer Rat und Minister bei den kurfürstlichen Höfen in Trier und Köln sowie kurmainzischer Staatsminister und seit 1805 Burggraf von Friedberg. Nach dem Ende seiner Tätigkeit als kaiserlicher Diplomat schuf er sich in Reinhartshausen einen vornehmen Sommeraufenthalt. Getreu dem Wahlspruch seiner begüterten Familie „Fait que doit, arrive que pourra!" ließ er den alten Rittersitz niederlegen und begann 1801 mit dem Bau des Schlosses, das sich so im Wesentlichen bis heute erhalten hat. Die äußere Gestaltung des Gebäudes ist schlicht, aber der barocke Geist seiner Zeit manifestierte sich in besonderer Weise in der großartigen Verbindung von Architektur und Parklandschaft. Der bis zum Rheinufer reichende Garten wurde terrassenförmig angelegt. Auf dem obersten Plateau rahmte eine Allee rheinseitig die Front des Schlossgebäudes und verband den kubischen Baukörper mit der großzügigen Parkanlage. Johann Wolfgang von Goethe hat seinen Eindruck von diesem Flecken Erde im „Sankt-Rochus-Fest zu Bingen" am 16. August 1814 literarisch verewigt: „Erbach ist, wie die übrigen Orte, reinlich gepflastert, die Straßen trocken, die Erdgeschosse bewohnt und, wie man durch die offenen Fenster sehen kann, reinlich eingerichtet. Abermals ein palastähnliches Gutsgebäude, die Gärten erreichen den Rhein, köstliche Terrassen und schattige Lindengänge durchschaut man mit Vergnügen. Der Rhein nimmt hier einen anderen Charakter an; es ist nur ein Teil desselben, die vorliegende Aue beschränkt ihn und bildet einen mäßigen, aber frisch und kräftig strömenden Fluß."

Diese dem Anwesen vorgelagerte Rheinaue, die der große Frankfurter Dichter nur als eine den Rhein teilende Naturerscheinung wahrgenommen hat, ist die größte Rheininsel. Im 18. Jahrhundert war sie aus einer kleineren Aue, die schon früh zum uferseitig gelegenen Rittergut gehört hatte, und der größeren geschichtsträchtigen Hattenheimer Aue zusammengewachsen. Auf Wunsch des Prinzen Albrecht von Preußen, des Erben von Schloss Reinhartshausen, erhielt sie nach dem Tod seiner Mutter 1896 den Namen „Mariannenaue". Es gelang Graf Clemens August von Westphalen, den westlichen Teil der Insel, der sich lange im Besitz der Familie Langwerth von Simmern befand, zu erwerben und die gesamte Aue in die künstlerische Gestaltung seines Anwesens mit einzubeziehen. Durch die Kultivierung des fruchtbaren Bodens und eine mit Obstbaumpflanzungen wechselnde, weiträumige Parkanlage verband er sie mit dem uferseitigen Anwesen und schuf eine harmonische Gesamtkonzeption von Natur, Kulturlandschaft und Architektur. Bedauerlich nur, dass Geheimrat Goethe auf seiner Reise durch den Rheingau nicht mehr Zeit für diesen erbaulichen Ort fand. Als Graf Clemens August von Westphalen 1818 starb, bestand die Erbacher Besitzung, die auf den gleichnamigen Enkel übertragen wurde, aus mehreren Wohnhäusern, zahlreichen Wirtschaftsbauten, darunter das Kelterhaus, einem großen Treibhaus sowie den weiträumigen Gärten, landwirtschaftlich genutzten Flächen und zahlreichen Weinbergen. Der weitläufige Gebäudekomplex entsprach trotz der repräsentativen Attribute eines gräflichen Sommersitzes dem im Rheingau weit verbreiteten Gehöfttyp mit straßenseitigem Haupthaus, einer Einfahrt in den Hof, um den sich hufeisenförmig die Wirtschaftsgebäude gruppieren. Das Schlossportal zwischen dem Weingut und dem Alten Schloss trägt noch heute das Allianzwappen der Grafen von Westphalen und von Bocholz, ein silberner Schild mit rotem Querbalken und drei Leopardenköpfen.

Die Mariannenaue

Die Ära Westphalen hinterließ mehr als nur ein repräsentatives Landgut, sie schuf eine harmonisch zusammengefügte Anlage aus wirtschaftlich genutzter Kulturlandschaft und musisch erholsamer Umgebung, eine Symbiose aus den traditionellen Anbauarten des Rheingaus und feudalen Gartenelementen. Diese Verbindung entsprang einer Lebensform, die die natürliche Schönheit der Rheinlandschaft zu Erholung und Genuss ebenso zu nutzen wusste wie deren wirtschaftliche Aspekte, und wird genau deshalb den Gefallen der niederländischen Prinzessin gefunden haben. Mit dem Kaufvertrag vom 27. Dezember 1855 übernahm

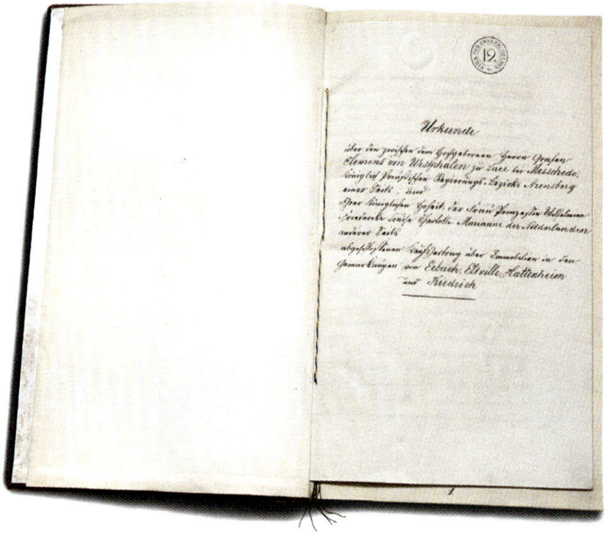
Urkunde

über den zwischen dem Hochgeborenen Herrn Grafen
Clemens von Westphalen zu Laer bei Meschede,
königlich Preußischen Regierungs-Bezirks Arensberg
einer Seits, und
Ihrer Königlichen Hoheit, der Frau Prinzessin Wilhelmine
Friederike Louise Charlotte Marianne der Niederlanden
anderer Seits
abgeschlossenen Kaufvertrag über Immobilien in den
Gemarkungen von Erbach, Eltville, Hattenheim
und Kiedrich

Kaufvertrag (Abschrift)

Ihre Königliche Hoheit Frau Prinzessin Marianne der Niederlande von dem hochgeborenen Herrn Graf Clemens von Westphalen zu Laer bey Meschede das ganze Gut zu Erbach samt der dazu gehörenden Rheinau, bestehend aus sämtlichen in den Gemarkungen der Gemeinden Erbach, Eltville, Hattenheim und Kiedrich gelegenen Immobilien sowie sämtliche darin befindlichen Mobilien, einschließlich der Schiffe und Schiffsgerätschaften, des Viehes und sämtlichen Vorräten an Wein und Früchten.

Das kleine Schloss im Rheingau mit seinem flach gedeckten Walmdach und den zahlreichen Fenstern, die den schlichten Baukörper gliedern und früher mit den für Nassau typischen grünen Klappläden versehen waren, wurde das Zuhause für Marianne, Johannes van Rossum und ihren gemeinsamen Sohn Johann Wilhelm. Hierher kehrte die niederländische Königstochter bis zu ihrem Lebensende von den Reisen zu ihren ausgedehnten Besitzungen in Holland, Schlesien und Österreich immer wieder zurück. Nach dem Schloss in dem nassauischen Ort erhielt ihr unehelicher Sohn durch Herzog Adolf von Nassau einen Namen: Johann Wilhelm Reinhartshausen.

Von den achtundzwanzig Wohnräumen des Schlosses bewohnte Prinzessin Marianne mit ihrer kleinen Familie vorwiegend die Zimmer des ersten Obergeschosses. Die Einrichtung der Räume war einfach und gediegen. Die Zimmer besaßen eine helle und wohnliche Atmosphäre, ausgestattet mit kostbaren Möbeln. Das Landesmuseum in Kassel verwahrt aus dieser Einrichtung noch einen Schreibtisch des berühmten Kunstschreiners David Roentgen. Es war die Vorliebe für ein einfaches Leben in einer schönen Landschaft, die traditionell die Wohnkultur von Schloss Reinhartshausen prägte. Und die Verbindung zwischen Lebenskultur und Landschaft fand ihre architektonische Entsprechung in einem Raum des Schlosses, der die gesamte Südseite des ersten Obergeschosses einnimmt. Seine Gestaltung erfolgte noch unter den Vorbesitzern des Schlosses durch den hessen-darmstädtischen Hofbaumeister

Georg Moller. Der bezaubernde Raum in pompejanischem Stil ist nach drei Seiten durch Fenster weit geöffnet und gewährt noch heute einen unvergleichlichen Ausblick auf den Rhein und den umliegenden Park. Spiegel erhöhen den lichtdurchfluteten Charakter dieses Raumes und bekräftigen das nach barockem Geist angestrebte Zusammenspiel von Architektur und Landschaft. Die zartfarbige Ausmalung der Wandfelder mit pompejanischen Motiven in einer Variante der Frescotechnik, dem so genannten Stucco lustro, war in der ersten Hälfte des 19. Jahrhunderts eine beliebte Dekorationsform, die Schinkel auch im Berliner Albrecht-Palais zur Gestaltung verschiedener Räume verwendet hatte. Die Schönheit dieses historischen Raumes bildet noch heute einen stilvollen Rahmen für festliche und exklusive Diners, die schon die niederländische Prinzessin dort gegeben hat, wenn das Schloss zahlreiche Gäste, Freunde, Gelehrte und Geistliche beherbergte.

Wie jeder Wohnsitz, den Prinzessin Marianne erwarb, wurde auch Reinhartshausen zu einem Anziehungspunkt gesellschaftlichen Lebens. Sie pflegte Kontakte zu den alteingesessenen Familien der Region, wie dem Hause Langwerth von Simmern in Eltville. Fuhrunternehmer hatten sich darauf eingerichtet, die mit dem Eilzug in Eltville ankommenden Besucher nach Erbach zu befördern, zu allen Tages- und Nachtzeiten. Bevorzugt aber beauftragte die Schlossherrin den Erbacher Fuhrmann Simon Fischer. Er wohnte am Marktplatz neben dem Rathaus und bei Bedarf lief ein Diener vom Schloss in den Ort und bestellte Landauer, Halbverdeck oder Schlitten für die „Prinzess“. Der Erbacher Kutscher durfte an erster Stelle fahren. In schwarzem Anzug mit Zylinder und weißen Handschuhen kutschierte er Ihre Königliche Hoheit und deren hochwohlgeborene Gäste an warmen Sommertagen zum Tee in den Kurpark nach Schlangenbad.

Eine herausragende kulturelle Bedeutung erlangte Schloss Reinhartshausen durch das Museum, das die kunstbegeisterte niederländische Prinzessin 1858 zur Aufnahme ihrer größtenteils in Rom zusammengetragenen Sammlungen erbauen ließ und der Öffentlichkeit zugänglich machte. Es entstand nach den Plänen eines bekannten Wiesbadener Architekten rechtwinklig zum Alten Schloss und übertraf die schlichte Architektur des Wohnhauses in Größe und Pracht bei weitem. Der eindrucksvolle Bestand von mehr als 600 Gemälden, Grafiken, antiken und zeitgenössischen Skulpturen, kunstgewerblichen Sammlungen und kostbaren Objekten kirchlicher Kunst zog viele kunstliebende Besucher und

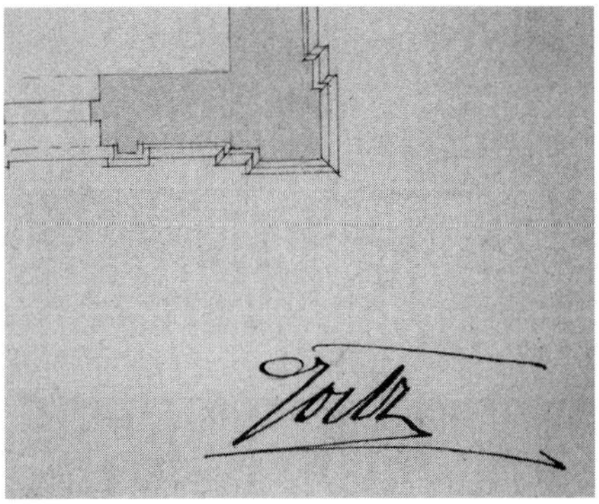
Schriftzug „Goetz“, Detail aus dem Grundriss

Gäste nach Reinhartshausen. Für den Kunstgenuss war ein kleines Salär zu entrichten und diese durch den Fremdenbesuch erzielten Einnahmen stiftete Prinzessin Marianne der Blindenschule und Augenheilanstalt in Wiesbaden.

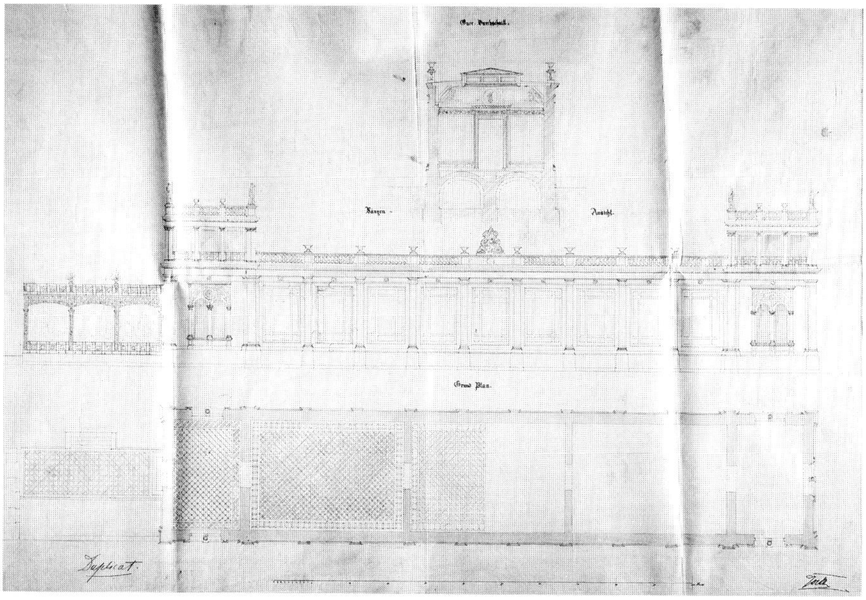

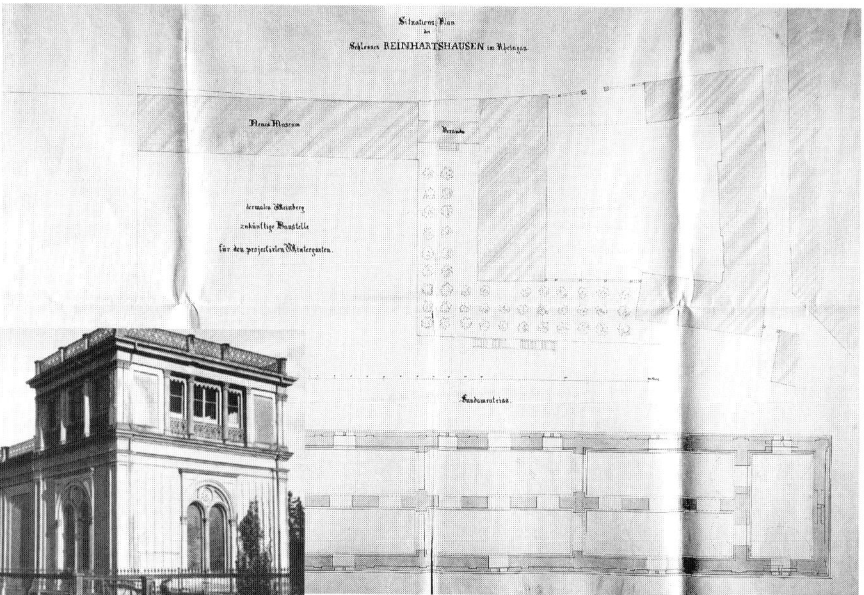

Das Museumsgebäude von Nordwesten

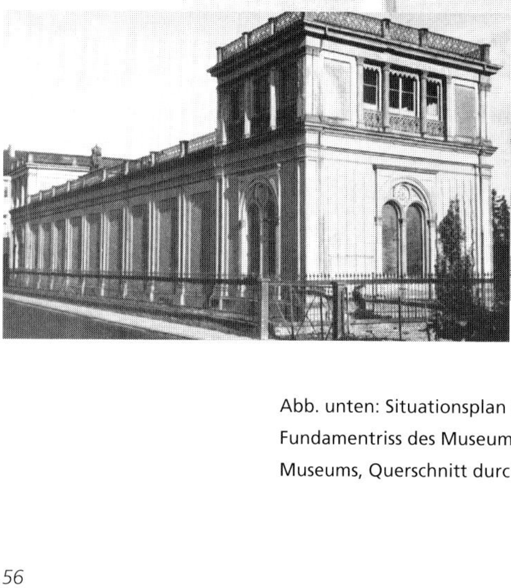

Abb. unten: Situationsplan von Schloss Reinhartshausen mit projektiertem Museum und Fundamentriss des Museums. Abb. oben: Aufriss und Grundriss der Erdgeschossräume des Museums, Querschnitt durch den Mittelteil der Galerie

kl. Abb. oben: das Museumsgebäude von der Gartenseite
kl. Abb. unten: Verbindungsgang zwischen Galerie und Schloss

Abb. Detailpläne der Ansicht

Der Maler Lodewijk Johannes Kleijn, der in Rom zu dem Künstlerkreis um die niederländische Prinzessin gehört hatte, folgte ihr mit seiner Familie an den Rhein und wurde zum „Hofmaler und Konservator der Kunstsammlungen Ihrer Königlichen Hoheit der Prinzessin Marianne der Niederlande“ berufen. Er legte ein Inventar ihrer Gemäldesammlung an und war selbst mit drei großformatigen Darstellungen aus dem Alten Testament in der Galerie vertreten.

Abb. oben: Details der Wandgestaltung im Festsaal

Abb. unten: der noch bis heute erhaltene Festsaal im Alten Schloss

Eine Kirche für die „Blume ihres Lebens"

1861: schicksalhafte Wende für Marianne und Johannes van Rossum

Das Leben der niederländischen Prinzessin nahm in dem kleinen Ort Erbach die Züge einer geregelten fürstlichen Haushaltung an. Gemeinsam mit Johannes van Rossum und Johann Wilhelm pflegte sie gesellschaftlichen Umgang, umgeben von ihren Kunstwerken und der landschaftlich wie klimatisch bevorzugten Umgebung des Rheingaus. Weiterhin war sie viel auf Reisen, um sich der Pflege ihrer Besitzungen zu widmen. Im Juli 1856 trat der Niederländer Gerardus Johannes Hofs für 1000 Gulden jährlich, freie Unterkunft und das Versprechen stets offenherzig zu sein, die Stelle als Privatlehrer für Johann Wilhelm an. Aber das beschauliche Glück sollte nur von kurzer Dauer sein. Das Jahr 1861 wurde ein schweres Jahr für Prinzessin Marianne und ihren treuen Freund Johannes van Rossum und es brachte eine weitere schicksalhafte Wende in ihrem Leben.

Die Reihe unglücklicher Ereignisse begann im Sommer auf dem Voorburger Landsitz Rusthof, als der Aufenthalt durch eine tatkräftige Auseinandersetzung des Johannes van Rossum mit dem Lakaien Pieter Klijn gestört wurde. Die Ursache dieses Streites, der mit der ernsthaften Verletzung Van Rossums endete, blieb ungeklärt. Klijn wurde später zu einer Gefängnisstrafe verurteilt. Kurze Zeit nach dieser unerfreulichen Affäre starb im Juli 1861 die rechtmäßige Ehefrau Van Rossums, Katharina Wilhelmina Keijzer. Ihr Tod riss wieder alte Wunden auf, erinnerte er doch an das illegitime Verhältnis, in dem Van Rossum mit der niederländischen Königstochter lebte.

Sorge um die richtige Erziehung des Sohnes Johann Wilhelm

Aber der eigentliche Schicksalsschlag erwartete das Paar nach der Rückkehr in den Rheingau. Da Prinzessin Marianne wünschte, dass ihr Sohn einen bürgerlichen Beruf ergreifen sollte, Jurist oder Theologe, beschlossen sie und Johannes van Rossum 1861, die weitere Erziehung ihres Sohnes an den Pfarrer Wilhelm Feller zu übertragen, der im nahen Dauborn ein weithin bekanntes Institut mit einem ausgezeichneten Ruf führte. Im Herbst besuchten sie Pfarrer Feller und nach einem langen Brief, der noch einmal ausführlich die Wünsche der Mutter im Hinblick auf die zu unterrichtenden Fächer und Erziehungsschwerpunke darlegte, gaben Prinzessin Marianne und Johannes van Rossum die weitere Ausbildung ihres 12-jährigen Sohnes im Oktober 1861 in die Hände des erfahrenen Pädagogen. Als Hauptsache seiner Erziehung sah die Mutter aber weniger das Lernen als

> *„die eigentliche Erziehung von Herz und Gemüth. Mir liegt mehr daran als an aller Gelehrsamkeit. Ein guter Mensch soll er vor allem werden".*

Rund dreißig Kinder unterschiedlicher Herkunft, Konfession und Bildungsziele, darunter auch Mädchen, wurden unter der Fürsorge des bekannten Pfarrers nach den bürgerlich-neuhumanistischen Erziehungsidealen unterrichtet. Mit einem Teil der Schüler wohnte Johann Wilhelm im Pfarrhaus und wurde in der familiären und herzlichen Atmosphäre schnell heimisch. Die Seele des Hauses und unentbehrliche Stütze war die älteste Tochter von Pfarrer Feller, Fräulein Auguste. Die ersten Monate vergingen schnell und Johann Wilhelm, der bisher nur das Leben mit Erwachsenen in einem unermesslichen Reichtum gekannt hatte, fühlte sich unter den vielen Kindern und in der einfachen Gemütlichkeit des Dauborner Pfarrhauses wohl.

Tod des Sohnes in den Armen seiner Mutter

Zum Weihnachtsfest 1861 durfte der eifrige Schüler Johann Wilhelm nach drei Monaten zum ersten Mal wieder nach Hause reisen. Alles war von der glücklichen Mutter für die gemeinsame Feier auf Schloss Reinhartshausen vorbereitet, aber das Schicksal nahm einen anderen Weg. Nur wenige Tage nach seiner Ankunft auf dem elterlichen Schloss erkrankte Johann Wilhelm an Scharlachfieber. Medizinalrat Haas wurde aus Wiesbaden herbeizitiert, aber alle angewandten Mittel blieben erfolglos. Am Abend des ersten Weihnachtsfeiertages starb er in den Armen seiner verzweifelten Mutter. Hilflos musste sie ihr geliebtes Kind, die „Blume ihres Lebens", dem Tod überlassen. Zwei Kinder hatte Marianne direkt nach der Geburt verloren, ihre Tochter Charlotte als junge Frau und von ihren beiden ehelichen Kindern trennte sie das unbarmherzige Verbot deren Heimat zu betreten. Und nun musste sie das Kind zu Grabe tragen, dem zuliebe sie die Verbindung zu ihrer Familie aufgegeben hatte und dem ihre ganze Liebe und Fürsorge galt.

Nur wenige Tage nach dem unbegreiflichen Schicksalsschlag, der sie „vom Himmel auf die Erde hinuntergerissen" hatte, schrieb sie am 6. Januar 1862 an Pfarrer Feller in Dauborn:

> *„Sie schreiben es sei Ihnen noch wie ein schwerer Traum dass dieser frische muntere Knabe von uns genommen, und ich die ich ihn bis zum letzten Atemzuge pflegte, ich kann es kaum für Wahrheit halten. Doch es ist so und die Leere die er in meinem Leben lässt wird sich mehr und mehr fühlbar machen. Nur das feste Vertrauen dass ihm wohl ist und dass jeder Tag uns ihm näher bringt vermag Trost in solchem Schmerz zu verleihen, und ich richte meine Blicke von der Erde zum Himmel, zu der Heimath wonach er unbewusst sich sehnte als er Daheim zu den Weinachtsferien kam. Der herbe Schmerz, den mir seine Entfernung machte als ich ihn euch nach Dauborn brachte, war eine Vorbereitung auf das was jetzt gekommen. Als ich ihn so glücklich bei Ihnen sah und er mir bekante sich*

in Dauborn besser zu gefallen als hier, musste ich mich beruhigen... Nach oben muss ich sehen um die Trennung von meinem Liebling in Geduld und ohne Murren zu ertragen: Gott hat alles Wohl gemacht! das halte ich fest. ... Morgen verlässt uns Herren Hofs, und da wir bis nach Ostern in Rom zu verweilen gedenken, werden wir ihn vor den Sommer und Herbst Ferien July, August und September nicht wieder sehen. Was kann nicht alles in der Zwischenzeit geschehen!
Mein Sohn Albrecht hat einen innigen, herzlichen Theil an meinem gerechten Schmerz genommen, zwei gar tröstvolle Briefe habe ich von ihm erhalten.

Ihre dankbare und ergebene
Marianne von Nassau Oranien
Prinzessin der Niederlanden"

Die evangelische Kirche in Erbach

Erbach besaß zum großen Kummer der trauernden Mutter keine protestantische Kirche und somit auch keinen eigenen protestantischen Friedhof. Die evangelisch-reformierten Gottesdienste, die auch die niederländische Prinzessin mit ihrer Familie und ihrem kleinen Hofstaat besuchte, fanden in einem alten Zehnthof auf dem Reinhartshausen benachbarten Grundstück statt. Sie schreibt an Pfarrer Feller:

„Aber nein, nicht unter seine Glaubensgenossen, auf einen simultanen Gottesacker mussten wir ihn [Johann Wilhelm] bringen, so nahe bei sein Reinhartshausen dass ich aus der Weinlaube wo er am 30sten Oktober Weinlese hielt die Beerdigung sehen konnte und die Rede des Pfarrers hörete."

Stiftung zum Bau der ersten evangelischen Kirche im Rheingau

Prinzessin Marianne ergriff wie so oft in ihrem Leben auch dieses Mal die Initiative, um in fürstlicher Manier die Gegebenheiten ihren Wünschen und Vorstellungen anzupassen. Noch am Abend des Todestages von Johann Wilhelm stiftete sie 60.000 Gulden zum Bau einer evangelischen Kirche mit Pfarrhaus, einschließlich der Mittel zur Besoldung des „jedesmaligen evangelischen Pfarrers des Oberen Rheingaus" und schenkte dazu noch den Bauplatz. Sie begründete die Stiftung immer wieder damit, dass es der Wunsch des Johann Wilhelm von Reinhartshausen gewesen sei, dass die evangelischen Christen ein eigenes Gotteshaus erhalten. Und so formulierte sie auch in der Urkunde, mit dieser Schenkung nur seinem Willen zu entsprechen, und verband mit

Grabmonument des Johann Wilhelm Reinhartshausen von dem niederländischen Bildhauer Stöver. Die dritte, ursprünglich zum Grabmal gehörende allegorische Figur steht heute in der Kapelle der Kirche.

dem segensreichen Vermächtnis die Auflage, in dem neuen Gotteshaus eine Gruft für ihren Sohn anzulegen, in die er nach Vollendung der Kirche überführt werden sollte. Zudem musste die Gruft noch Raum für zwei weitere Särge bieten. Dass Prinzessin Marianne mit dem Patronat über die Kirche anfänglich auch an eine Grablege für sich und Johannes van Rossum dachte, ist nahe liegend.

So entstand nach dem Tod des Johann Wilhelm Reinhartshausen die erste evangelische Kirche im Rheingau. Mehrere Jahrzehnte der Wünsche und Planungen, wie die evangelischen Gläubigen im Rheingau gottesdienstlich versorgt werden könnten, waren beendet. Die genauen Bestimmungen für die Einrichtung der Pfarrstelle verraten, dass Prinzessin Marianne genaue Kenntnis von der Situation der Protestanten im Rheingau besaß. Denn der seit 1860 in Erbach tätige Pfarrer Ullrich sollte nur so lange für den gesamten Rheingau zuständig sein, bis ein vom Zentralkirchenfonds besoldeter Pfarrer für den unteren Rheingau eingestellt war. Aus Weißwasser fragt ihn Prinzessin Marianne im Januar 1863:

„Noch immer kein Pfarrer in Rüdesheim!? Wird es etwas helfen, wenn ich den Landesbischof an sein mir wiederholentlich gemachtes Versprechen in dieser Beziehung erinnere?“

Und dann, im Februar 1863:

„Mit großer Genugthuung habe ich in Ihren Zeilen vom 26. Februar … gelesen, dass ein Geistlicher für den Unteren Rheingau ernennt ist und Sie somit Ihre ganze Thätigkeit der neu gegründeten Kirche des Oberen Rheingaus widmen können. Es war wohl Zeit, dass diesem Paragraph der Schenkungs-Urkunde Rechnung getragen wurde, und ich freue mich doppelt darüber, weil es geschah, ohne dass ich mich deshalb nochmals an die höhere Kirchenbehörde zu wenden nöthig gehabt hätte.“

Der am Ortsrand von Erbach unter Leitung des herzoglich-nassauischen Baumeisters Eduard Zais erbaute Kirchenbau fällt noch heute durch sein prägnantes Erscheinungsbild auf. In zierlicher Neugotik mit hohen Fialen hebt sich das Gotteshaus in auffälliger Weise von der dörflichen Fachwerkidylle des Weinorts ab. Außen zeigt sich die Architektur noch ganz als Kind ihrer Bauzeit, denn trotz der gotischen Bauformen blieb die Wandgestaltung in Proportion und Gliederung noch deutlich dem klassizistischen Formgefühl verhaftet. Der Innenraum der dreischiffigen Hallenkirche ist ganz in gotischen Formen gehalten, wie auch das Kirchengestühl, ein „geräumiger anständiger Kirchenstuhl", der im Stiftungsvertrag von Prinzessin Marianne für sie und jeden späteren Besitzer von Reinhartshausen vorgegeben war. Festgelegt war auch, dass Prinzessin Marianne ein Grabmonument für den Eingang zur Gruft auswählte, das die Erinnerung an ihr verstorbenes Kind bewahren und letztlich auch verherrlichen sollte. Es war ein bezeichnender Akt ihrer Liebe, denn vergessen zu werden wäre in der empfindsamen Haltung des 19. Jahrhunderts einem endgültigen Tod gleichgekommen.

Auftrag für ein Grabmonument an den Bildhauer Johann Stöver

Johannes van Rossum war am Neujahrstag an einer Halsentzündung erkrankt, „woraus sich die Masern entwickelten". Gleich nach seiner Genesung reiste Marianne mit ihm nach Italien und beauftragte den ihr bereits aus früheren Aufenthalten in der römischen Kunstmetropole bekannten Bildhauer Johann Stöver mit der Schaffung eines Grabmonuments, das den Eingang zur Gruft zieren sollte. Unmittelbar nach ihrer Rückkehr im September musste Pfarrer Ullrich Rapport geben, warum noch kein Anfang mit dem Ausgraben der Fundamente gemacht war, und dem Pfarrer muss schnell klar geworden sein, dass sich das Engagement der niederländischen Prinzessin bei einer Bauunternehmung wie dieser nicht auf die Bereitstellung der Mittel beschränkte. Sie erwartete beständig durch Berichte auf dem Laufenden gehalten zu werden und hatte sehr genaue Vorstellungen von der Abwicklung und Organisation der Arbeiten. Diese verlängerten sich auch dadurch, dass Baurat Zais sich den Arm brach. Aus ihrem Schloss Weißwasser drängt die Bauherrin im Dezember 1862:

Marianne treibt den Bau der Kirche voran.

> *„Die unvorhergesehenen Schwierigkeiten bei der Fundamentierung des Thurmes sind ja nun, Gott sei Dank, überwunden, und die daraus entstandenen Mehrausgaben werden Sie doch wohl nicht behindern aus dem Reservefond für den Bau der Umfassungsmauern und des gusseisernen Thores zu bestreiden, werther Herr Pfarrer. Sehr weiße ist es, die Wintermonate zu benutzen zum Anfahren der Baumaterialien, damit zeitig im Frühjahr der Bau mit aller Kraft fortgesetzt werden kann, wozu der wasserreiche Brunnen sehr förderlich sein wird. Nach der Schenkungsurkunde soll alles in zwei Jahren Zeit vollendet sein, und wenn die Kirche nächsten Herbst unter Dach ist, der innere Ausbau vollendet werden, so dass wir im Frühjahr oder Sommer 1864 werden einweihen können, ich wünsche allerdings dieses zu erleben."*

Auch die Vollendung des Grabmonuments durch den niederländischen Bildhauer zog sich in die Länge. Die Auftraggeberin reiste mit Johannes van Rossum im Februar 1863 wieder von ihrem österreichischen Schloss Weißwasser über Wien und Venedig zu dem regelmäßigen Frühjahrsaufenthalt in Rom und freute sich, den Fortgang der Arbeiten in Augenschein zu nehmen. In Anlehnung an den klassizistischen Bildhauer Thorvaldsen schuf Stöver drei allegorische Figuren aus karrarischem Marmor, die auf den Postamenten mit den Inschriften versehen waren: „Durch Glauben zum Schauen", „Was kein Auge je gesehen hat Gott bereitet denen die ihn lieben" und „Durch das Wort zum Leben".

Zu spät erkannte Prinzessin Marianne, dass das neoklassizistische Bildwerk eigentlich nicht in den gotisierenden Kirchenraum passte, und überlegte, die Chorfenster wieder vermauern zu lassen und durch Oberlichter zu ersetzen, wodurch das Monument entschieden gewinnen könne und, wie sie meinte, der Pfarrer am Altar keinen Nachteil hätte. Wie das Bauwerk heute beweist, hat sie sich mit dieser Idee nicht durchsetzen können. Die mittlere der drei allegorischen Figuren wurde sogar 1956 durch ein Kreuz ersetzt, um ein in späterer Zeit gestiftetes Glasfenster besser zur Wirkung zu bringen. Die Geduld der Bauherrin wurde noch einmal einer schweren Prüfung unterzogen, als im Frühjahr 1864 ein Pfeiler des Gotteshauses einstürzte und eine Kommission aus drei Baumeistern erst ein Urteil über den Schaden und seine Ursachen fällen musste. Im Sommer des Jahres 1865 schließlich war der Kirchenbau vollendet. Bildhauer Stöver kam aus Rom an den Rhein und überwachte persönlich die Aufstellung des Grabmonuments. Im Juli wurde die sterbliche Hülle des Johann Wilhelm in einen Sarkophag in der Grabkammer überführt und am 1. August 1865 folgte die festliche Einweihung der Kirche.

Werke von Johann Stöver und Emil Wolff vor der Kirche

Besucht man heute die Johanneskirche, die gemeinsam mit dem Pfarrhaus als eine stilistische Einheit romantisch historistischer Architektur fast fremdartig im Stadtbild Erbachs erscheint, findet man neben der Kirche zwei weitere Skulpturen aufgestellt, die einst im Museum Mariannes standen. Es sind beides Werke religiöser Thematik: „Christus, den blinden Bartimäus heilend" von Johann Heinrich Stöver und „Jephta und seine Tochter" von Emil Wolff. Das Jephta-Thema, das ikonografisch verwandt ist mit dem Abrahamsopfer, ist eines der wenigen biblischen Stoffe, die Emil Wolff bildhauerisch umsetzte. Die Gruppe „Christus und Bartimäus" entstand 1861, also im Todesjahr von Johann Wilhelm, im Auftrag Prinzessin Mariannes als Marmorausführung eines Werkes, das der niederländische Künstler Stöver einige Jahre zuvor in Rom ausgestellt hatte.

Welche Bedeutung dieser Ort als Gedächtnisstätte ihres früh verstorbenen Kindes von nun an im Leben der trauernden Mutter einnahm, spricht aus ihren Briefen an Auguste Feller:

> *„... das friedliche Kirchlein am Rhein ist eine Stätte, wo ich immer zurückkehren werde, bis man mich auch neben mein Liebling dort zur Ruhe bringt. ... Ja liebe Auguste, die Welt ist für mich ein großer Gottes Acker, denn überall stehen Gräber meiner Lieben, aber das Grab am Rhein ist das Grab meines Lebens, denn Johannes Willem war mein Leben."*

Meine Zeit in Unruhe, mein Friede in Gott

Mariannes soziales Wirken in Erbach

Der frühe Tod ihres Kindes hat einen tiefen Schmerz bei der einst lebenslustigen Fürstin hinterlassen, den sie zeitlebens nicht mehr überwand. An Pfarrer Feller und an dessen Tochter Auguste schrieb sie, wie sehr sie gehofft hatte, dass ihr Sohn Johann Wilhelm, die letzte Freude ihres Lebens, seiner Mutter einst die Augen schließen würde. Ein unerschütterlicher Glaube spendete ihr Trost, auch der Gedanke, dass ihrem unstandesgemäßen Sohn dadurch ein noch schwerwiegenderes Schicksal als das ihre erspart blieb. Sie war bereit ihm zu folgen und die Zeit, die ihr noch gegeben war, wollte sie dazu nutzen so viel Gutes zu tun, wie sie nur konnte. Mehr denn je zeigte sich ihre karitative Großzügigkeit, die dieser tiefen religiösen Überzeugung entsprang. Besondere Aufmerksamkeit genoss die Pfarrstelle und deren Ausstattung mit Mitteln zur Unterstützung Bedürftiger. Dass sie dabei alle gleich behandelt sehen will, schreibt sie am Karfreitag 1864 an Pfarrer Ullrich:

> *„Sie finden hier eingeschlossen meine Ostergabe für die hülfsbedürftigen der Evangelischen Gemeinde des Oberen Rheingaues, wenngleich Hülfsbedürftige nicht evangelische Christen keineswegs ausgeschlossen zu werden brauchen, denn vor Gott sind wir alle gleich. Er siehet nicht auf die kirchlichen Satzungen, sondern auf das Herz seiner Menschenkinder … Wie sollen wir dann, von Tische des Herrn kommend, confessionelle Rücksichten nehmen! Nein, meine Gabe beim Ausgehen der gottesdienstlichen Feier war für die Armen unserer Gemeinde, die hier beigefügte ist für die allgemeinen Armen. Von dieser meiner Gabe darf daher der Kirchenvorstand nichts wissen und wird sie Ihnen allein zur Austheilung anvertraut.“*

Auch wegen der Gründung der Realschule ordnete sie an

> *„alle Quartal während fünf Jahre 462 Thaler zum besten der hiesigen Realschule“* sowie *„25 Gulden den Armen des Kirchsprengels und für die Waisen im früheren Herzogtum.“*

Denkt man an die früheren Porträts der einst schönen Prinzessin, sprechen aus den überlieferten, zum Teil schon fotografisch gefertigten Bildnissen dieser Zeit die schweren Schicksalsschläge ihres Lebens: Prinzessin Marianne ist eine alte Frau geworden. Die einst kunstvoll frisierten Haare sind streng gescheitelt und unter bandverzierten Hauben verborgen. Um die Augen und den Mund haben sich die Falten eines sorgenreichen Lebens gebildet und die früher so selbstbewusst lächelnden Augen wirken müde. Sie trägt nur noch dunkle, meist schwarze hochgeschlossene Kleider und wenig Schmuck. Aber auch wenn sich ihr Herz in den Jahren nach dem Tod ihres Sohnes himmelwärts sehnte, mit den Beinen blieb die niederländische Königstochter fest auf der Erde. „Meine Zeit in Unruhe, mein Friede in Gott" waren die Worte Friedrich Wilhelms III., die Marianne ihrer befreundeten Auguste Feller im Hinblick auf ihr Schicksal zitierte. Es gab noch viel zu tun für sie. Der Verwaltung und der beständigen Erweiterung ihrer Besitzungen widmete sie sich weiterhin mit Sorgfalt und ökonomischer Entschlossenheit.

Schloss Reinhartshausen, das durch gesellschaftliche Ereignisse und die weithin bekannten Kunstsammlungen viele Besucher anzog, bot nicht mehr ausreichend Raum. Noch bevor die evangelische Glaubensgemeinde in das neue Gotteshaus umgezogen war, teilte die „Prinzess" Pfarrer Ullrich 1863 aus Weißwasser mit, dass sie auf dessen jetzige Wohnung und das Kelterhaus „spekuliere", um beides mit Reinhartshausen zu verbinden, sobald er seine neue Parochie bezogen habe.

Schloss Reinhartshausen, alte Schlosseinfahrt

„Mir wurde aber ein so unverhältnismäßig hoher Kaufschilling gefragt, dass ich, bevor ich mich entschließe den Baurath Zais durch Sie, Herr Pfarrer bitten lassen möchte ... die Baulichkeit zu taxieren, um demgemäß ein Gebot thun zu können."

So plante sie es und so geschah es. 1865 erweiterte die umsichtige Schlossherrin das Anwesen Reinhartshausen durch den Kauf des östlich angrenzenden, dritten Grundstücks, jenes alten Zehnthofs, der bis dahin den protestantischen Gläubigen in Erbach als Andachtsraum und Pfarrwohnung gedient hatte. Sie ließ das zweigeschossige Gebäude um ein Stockwerk erhöhen und für die Aufenthalte ihres Sohnes Prinz Albrecht von Preußen in Reinhartshausen einrichten.

1866: Krieg zwischen Österreich und Preußen

Nicht nur die niederländische Prinzessin erweiterte ihren „Herrschaftsbereich" stetig. Unter König Wilhelm I. und seinem Ministerpräsidenten Otto von Bismarck steuerte Preußen auf den Höhepunkt seiner Macht zu. Das Jahr 1866 brachte den Deutschen Krieg zwischen Österreich und Preußen, der Preußen in seiner Vormachtstellung bestätigte. Obwohl Prinzessin Marianne durch die kriegerischen Auseinandersetzungen in mehrfacher Hinsicht betroffen war – ihr Schloss Weißwasser lag in Österreich-Schlesien, das Herzogtum Nassau wurde durch Preußen annektiert und schließlich war sie die Mutter eines preußischen Prinzen –, vertrat sie politisch die Ansicht, dass die großen segensreichen Folgen nicht anders als durch einen Krieg zu Stande gebracht werden konnten.

1870/71: Deutsch-Französischer Krieg

In ihrem Jagdschloss Weißwasser ließ sie ein Lazarett zur Versorgung der verwundeten Soldaten einrichten. Mit anderen Augen sah Marianne den Deutsch-Französischen Krieg von 1870/71. Sie schreibt aus Weißwasser im Juli 1870 an Pfarrer Ullrich:

Jagdschloss Weißwasser, damals Österreich-Schlesien

Die Terrassenanlage von Schloss Kamenz

„Unter dem blühenden Tulpenbaum im Garten gesessen, umgeben von der frischen, friedsamen Natur, füllen sich die alten Augen mit Tränen über das Unglück, welches über Deutschland, ja über uns allen angebrochen ist und uns am lieben Rhein am ersten drohet. Heute vor acht Tagen saß ich noch zwischen Sohn und Schwiegersohn in meiner Camenzer Schlosskapelle, wo ich vor kaum vier Jahren Dank-Gottesdienst hielt für den Sieg von Königgrätz und hörte ihre männlichen Stimmen mit meinen zitternden Tönen sich mengen … und wer weiß, ob ich die Lieben jemals wieder sehe. Beide stehen unter den Waffen und werden bald mit Preußen tapfer vor dem Erbfeinde Deutschlands stehen. Ein anderer Kampf wird dieser werden als der Bruderkrieg von 1866, hier handelt es sich um Sein oder Nichtsein und Bonaparte hat gewiß seine Maßregeln gut getroffen, belehret durch die Siege von 1864 und 1866. Unvorbereitet gehen die Franzosen nicht vor und sie werden den Krieg auf deutschem Boden führen wie Preußen es auf Kaiserlichem führet und: wehe den Ländern, wenn ihre Banden kommen! Unseren reichen Rheingau werden sie gewiß zu erobern suchen. … Mit der Realschule wird es auch schlimm aussehen, die Lehrer sind theilweise auch militärpflichtig und beim 1. und 2. Aufgebot dürfte es in diesem Jahr nicht bleiben, sondern auch Landwehr und Landsturm gegen Frankreich herankommen. … Wir werden wohl nicht lange hier bleiben, da unsere Pflicht uns jetzt nach Reinhartshausen rufet, wie die meine mich 1866 hierher rief. Wo Gefahr drohet, da fehlet Oranien-Nassau nie!“

Das Schloss, das Prinzessin Marianne für ihren Sohn Albrecht in Kamenz erbauen ließ, näherte sich in den Jahren vor den Kriegen der Fertigstellung. Der Innenausstattung sowie den Terrassen- und Gartenanlagen galt die besondere Aufmerksamkeit der Bauherrin. Ihr „Hofmaler“ Kleijn schuf für den Speisesaal von Schloss

Kamenz die beiden großen Gemälde: „Gastmahl des Belsazar" und die „Hochzeit zu Kanaan". Martius schrieb, dass Prinzessin Marianne in diesem letzten Bauabschnitt die Zügel fest in der Hand behielt. Das tat sie auch bei ihrem Sohn Albrecht, dessen Heiratsunwilligkeit ihr im Juli 1872 noch mütterliche Sorgen bereitete und dessen Eheschließung sie nun in die Wege leitete: In Marienbad hatte Albrecht Prinzessin Marie von Sachsen-Altenburg näher kennen und schätzen gelernt. Im September 1872 weilte Marianne zu einem Besuch bei den Eltern der Prinzessin in Leipzig, sie logierte im Hotel Hausse, Augustus Platz, und im Oktober wurde die Verlobung gefeiert.

Albrecht hatte auch das königliche Schloss in Hannover, das seit 1866 preußische Provinz war, als Residenz in Erwägung gezogen. Nach dem jahrzehntelangen Ringen um die Vollendung des Schlosses in Kamenz fragte ihn seine Mutter im Juli 1872:

„Ist deine Heimat nicht schon jetzt Schloss Camenz?"

Und im Dezember des gleichen Jahres, kurz nach dem Tod des Prinzen Albrecht Vater, beendete sie die Debatte um den künftigen Wohnsitz ihres Sohnes mit den Worten:

„Du bist gewissermaßen an seiner Stelle gerückt, Du bist der Prinz Albrecht und ich Deine Mutter, und damit ist alles gesagt."

Schloss Kamenz, Speisesaal mit Wandbildern des Malers L. L. Kleijn

Glaube, Liebe, Hoffnung

Mariannes Fürsorge für die Menschen, die in ihrem Dienst standen

In besonderem Maße kümmerte sich Marianne um die Menschen, die für sie in Diensten standen. Wen die niederländische Prinzessin einmal in ihr Herz geschlossen hatte, für den sorgte sie lebenslang. So hielt sie auch die Verbindung zu der Verwalterin des kleinen Bauernhofs aus ihrer Kindheit auf Het Loo, Frau van Loenen, in einem lebenslangen Briefwechsel. Die Bäuerin war mehrmals zu Gast auf Rusthof und ein einziges Mal gelang es Marianne, sie dazu zu bewegen, Schloss Reinhartshausen zu besuchen. 1844 überließ die Prinzessin den Modellbauernhof ihrem Neffen König Wilhelm III. und entschädigte Frau van Loenen durch eine jährliche Pension, durch die sie die Verwalterin für den Rest ihres Lebens versorgt wusste.

Der Gedanke der Gleichheit aller Menschen

Am augenscheinlichsten lebte Prinzessin Marianne den Gedanken der Gleichheit aller Menschen in ihrem vertrauensvollen Verhältnis zu Johannes van Rossum, der zu einem gleichberechtigten Partner ihres fürstlichen Lebens geworden war, dem sie als Ratgeber vertraute und der sie bei den weit reichenden Verwaltungsaufgaben ihrer Güter unterstützte. Wie weit er durch die Kinder Mariannes aus der Ehe mit Albrecht von Preußen als Mann ihrer Mutter respektiert wurde, ist aus den schriftlichen Quellen schwer nachvollziehbar. Die wenigen Zeilen diesbezüglich lassen aber darauf schließen, dass er auf Schloss Kamenz ebenso zu Hause war, wie auf allen anderen Besitzungen Mariannes und einen normalen Umgang mit ihnen pflegte. Von ihrem Jagdschloss Weißwasser schreibt Prinzessin Marianne 1870 an Pfarrer Ullrich:

> *„Als ich am 11. (Juli) nachmittags meine Enkelin zur Bahn brachte, begegneten wir Herrn van Rosssum, der nach Camenz fuhr. Auf dem Rückweg hielt ich bei General Direktor Esch still, stieg aus und sandte den leeren Wagen nach dem Schloss. Mein Sohn war schon vorher ausgeritten, wie er es jeden Abend zu thun pflegte. Ich hatte daher vollauf Zeit mich mit Herrn van Rossum zu begrüßen und Pläne zum folgenden Tag zu machen. Ich fand ihn sehr wohl und namentlich guter Dinge, glücklich hier zu sein und dankbar, dass er die Reise trotz Hitze wohl überstanden. Bis heute dauert die gute Stimmung fort und ich hoffe zu Gott, sie bleibet.“*

Johannes van Rossum war zu diesem Zeitpunkt schon viele Jahre krank. Auf ärztliches Anraten verbrachte Prinzessin Marianne mit ihm daher das Frühjahr meist in Italien, da man sich von dem milden Klima Linderung seiner Leiden erhoffte. Alle Versuche ihren geliebten Freund zu heilen blieben erfolglos. Johannes van Rossum starb nach wochenlangem Siechtum am 10. April 1873 auf Schloss Reinhartshausen. Marianne schrieb am 19. Mai 1873:

1873: Tod von Johannes van Rossum

> *„Mehr denn 25jähriges Leiden hatten ihn oft den Tod herabwünschen lassen, wir waren auf das Scheiden vorbereitet, und doch ist es nun schwer; doch tröstet mich der Gedanke, dass Er, der müde Pilger, der so viel Streit hinieden durchkämpfen musste, ausgelitten und ausgerungen hat in meinen treuen Armen und ich bis zum letzten Atemzuge ihm beistehen konnte, ja ihm die letzte Ehre beweisen durfte. … Wohl viele treue und redliche Beamte zu haben, darf ich mich rühmen; aber einen treu bewährten Freund findet der Mensch gar selten hinieden, und ein solcher war Herr van Rossum für mich in guten und in bösen Tagen, ein biederer Rechtsmann, dessen richtigen Blick in Sachen und dessen seltener Menschenkenntnis ich leider in dem letzten Jahre weniger folgte als vorher, was ich jetzt, wo er mir nicht mehr zur Seite stehet, mit herbem Schmerz bereue."*

Die Beisetzung des Johannes van Rossum erfolgte nicht in der Gruft der evangelischen Kirche, so wie Prinzessin Marianne es ursprünglich vorgesehen hatte. Auseinandersetzungen mit dem Kirchenvorstand und vermutlich auch mit Pfarrer Ullrich, der noch im gleichen Jahr die Pfarrstelle in Erbach aufgab und nach Bierstein wechselte, führten wohl dazu, dass sie keinen Gebrauch mehr von dem entsprechenden Vorbehalt in der Stiftungsurkunde machte. Nach einem langen gemeinsamen Leben, das sich über alle Konventionen hinweggesetzt hatte, sollten die Gesetze der ständischen Geburtsschranken doch noch siegen. Johannes van Rossum wurde auf dem öffentlichen Friedhof bestattet, in unmittelbarer Nähe des Schlosses, in dem er mit Prinzessin Marianne und dem gemeinsamen Sohn viele glückliche Jahre verlebt hatte. Der niederländische Bildhauer Stöver, der auch das Grabmonument für den Sohn Mariannes und Johannes' van Rossums geschaffen hatte, wurde mit der Ausführung des segnenden Christus nach dem Vorbild einer Statue des Dänen Bertel Thorvaldsen beauftragt. Aus dem Johannesevangelium wählte Marianne die Inschriften für das Postament aus.

Hochzeit des Sohnes Albrecht von Preußen mit Maria von Sachsen-Altenburg

Es fiel Prinzessin Marianne schwer, kaum acht Tage nach der Beisetzung ihres treuen Begleiters nach Schlesien zu reisen, um dort ihren frisch vermählten Sohn Albrecht mit dessen Gemahlin auf Schloss Kamenz zu empfangen. Wie von jeder offiziellen Feierlichkeit ihrer Kinder, die auf preußischem Boden stattfand, war sie auch von der prächtigen Hochzeitszeremonie ihres Sohnes mit Maria von Sachsen-Altenburg am 19. April 1873 in Berlin ausgeschlossen worden. Es war ihr nicht vergönnt zu sehen, wie die Braut ihres Sohnes vom

Schloss Bellevue im prachtvollen Krönungswagen in einem langen Zug glänzender Hofwagen, Schwadronen der Garde-Dragoner und der Garde du Corps zur feierlichen Trauung in der Schlosskapelle geleitet wurde. Sicher hätte Marianne gerne die zu Herzen gehende Traurede von Hofprediger Kögel gehört und gesehen, wie die frisch Vermählten im Weißen Saal mit dem Kaiser und der Kaiserin unter dem Thronhimmel Platz nahmen. Die aus Preußen verbannte Mutter konnte ihren Sohn und seine junge Frau erst nach den Hochzeitsfeierlichkeiten in Kamenz begrüßen, dessen Niesbrauch sie Albrecht zum Geschenk machte.

Damit war auch ein Teil ihrer „landesherrlichen" Verantwortung für die schlesische Herrschaft auf ihren Sohn übergegangen, der die sozialen Einrichtungen, die Marianne dort gegründet hatte, weiterführte. Diese erstreckten sich auf alle Gebiete wirtschaftlichen und sozialen Lebens, auf die Erziehung der Jugend, ein genügendes Einkommen der Beamten und Arbeiter in der Land- und Forstwirtschaft und in den industriellen und bergbaulichen Anlagen der weiten Herrschaften von Kamenz und Seitenberg. Zu den Wohltätigkeitsinstituten gehörten u.a. ein Erziehungshaus, ein Kinderhort und ein Spital, dem der Prinz im Andenken an seine Mutter den Namen „Mariannenhaus" gegeben hat.

Rückkehr nach Reinhartshausen

Marianne am 19. Mai 1873:

> *„Ich freute mich an sein und Mariens jungem Glück und eilte dann hierher [nach Reinhartshausen] zurück, um gar traurigen Geschäften obzuliegen."*

Mit dem Tode Johannes' van Rossums verlor die Prinzessin nicht nur einen geliebten Menschen, sondern auch einen verlässlichen Partner bei der Verwaltung ihrer stets weiter ausgebreiteten Besitzungen. Er hatte notwendige Inspektionsreisen übernommen und sie bei allen anfallenden Aufgaben, die im Zusammenhang mit der Bewirtschaftung der Güter und der Aufsicht über das Personal anfielen, entlastet. Möglicherweise war er auch in dieser Funktion 1861 mit dem Lakaien Klijn in die bereits geschilderte Auseinandersetzung geraten. Nun lagen die umfangreichen Verwaltungsgeschäfte wieder allein in Mariannes Händen.

Altes Schloss, Verbindungsgang zwischen Schloss und östlichem Pavillon des Museums

Museumsgebäude und Altes Schloss von der Rheinseite

Welche Energie hatte sie dafür in ihrem Leben schon aufbringen müssen, wie viel Verantwortung trug sie ohne einen Rückhalt in der königlichen Familie. Und trotz ihres Alters blieb sie beständig unterwegs zwischen Reinhartshausen, Rusthof und Weißwasser.

Aber die Briefe dieser Jahre verraten auch ihre Erschöpfung. 1871 schreibt sie an die zehn Jahre ältere Frau van Loenen:

„Ja wir werden alt! Beide haben wir graue Haare, beiden versagen uns die Knie, und wir kommen in die Jahre, von denen man sagt, dass sie uns nicht gefallen, aber daran ist nichts zu ändern, auch der alte Tag muss getragen werden."

Und zwei Jahre später:

„Das Augenlicht und die Beine versagen, das Atmen fällt schwerer, was leider zur Folge hat, dass man das Leben mehr sitzend verbringt und dadurch zunehmend dicker wird."

Zu ihrer Entlastung ernannte Prinzessin Marianne am 1. Juli 1873 den ehemaligen Privatlehrer ihres Sohnes, Gerardus Johannes Hofs, zum Intendanten und überließ ihm die Aufsicht über die Haushaltung und die Kunstsammlungen, besonders auf Schloss Reinhartshausen. Hofs übernahm möglichst viele Aufgaben des verstorbenen Johannes van Rossum.

In ihrem Herzen aber war der Verlust des geliebten Freundes nicht zu ersetzen. Sie schreibt am 17. Mai 1873 an Frau van Loenen:

„Sein schweres und langes Leiden machte es mir und allen, die ihn kannten, zu einer teuren Pflicht, Gott für seine Erlösung von Katastrophen und Schmerzen zu danken; aber nichtsdestoweniger bleibt der Platz, den er mehr als 28 Jahre an meiner Seite einnahm, unbesetzt und die Leere bleibt unausgefüllt und das schmerzt. Über meine Gesundheit kann ich nicht klagen; ich habe die Qualen einer Krankheit von drei vollen Wochen von meinen Freund und Ratsmann ohne dass es mich gestört hat, begleitet, seinen letzten Atemzug empfangen, seine treuen Augen geschlossen, und warte nun dass es Gott behagt, auch mich weg zu holen, aber man wartet leidend aber ohne Hast, weil ich glaube an Jesus Christus, unseren Herrn, und dass uns nichts geschieht, dan wat ons

medewerkt ten goede. So trage ich auch diesen Schicksalsschlag und halte an den Worten fest: ‚Was Gott tut ist wohlgetan'."

Trost im Glauben an die göttliche Vorsehung

In einem unerschütterlichen Glauben an die göttliche Vorsehung fand Prinzessin Marianne Trost. Acht Jahre nach dem Tod Van Rossums schreibt sie 1879:

„Ich dachte nicht so lange nach ihm hinieden pilgern zu sollen. ... Ich lebe in meinen Erinnerungen mit Glaube, Liebe, Hoffnung. Die Gräber meiner Lieben sind der Strom, der sie zu Gott geführet, deshalb weile ich dort so gern und schmücke sie mit Blumen."

Obwohl sie in jenen Jahren wiederholt den Gedanken äußerte, auf das Sterben vorbereitet zu sein, trauerte Marianne nicht, wie „die, die keine Hoffnung haben". Mehr als jemals zuvor zeigte sich in ihrem Engagement die feste Entschlossenheit und Konsequenz ihres „königlichen" Lebensweges, den sie auch nach diesen schweren Schicksalsjahren fortsetzte.

Prüfungen

Bis in die letzten Jahre ihres Lebens bereiste Prinzessin Marianne ihre Ländereien in Schlesien und in den Niederlanden, deren Bewirtschaftung und Pflege sie nie aus den Augen ließ. 1877 erweiterte sie ihre niederländischen Besitzungen um die Villa Jeanette, die später Klein-Rusthof hieß, und die sie für die Besuche ihres Sohnes Albrecht vorsah. An Schinkel'sche Dimensionen gewöhnt lehnt es dieser allerdings ab, in einem solchen „Hühnerstall" zu logieren. Im September 1879 erwarb Marianne zusätzlich das Gut Noordervliet. Rusthof blieb der Ort, an dem sich Prinzessin Marianne aufhielt, Noordervliet, Klein-Rusthof und Leeuwensteyn dienten vor allem zur Unterbringung ihrer Gäste oder ihres Personals.

In Voorburg besuchte Marianne die Gottesdienste in der reformierten Kirche und genoss das „kräftige" holländische Wort und Lied, zu dessen Unterstützung sie 1879 noch eine neue Orgel bauen ließ. Darüber hinaus verdankte die Gemeinde Voorburg ihrer großzügigen Einwohnerin auch die Mittel zum Bau eines Rathauses sowie einen Betrag von 7000 Gulden für ein neues Pfarrhaus der reformierten Kirche.

Ungebrochen blieb auch das Interesse Prinzessin Mariannes an der Geschichte des Hauses Nassau-Oranien und der Pflege seines Andenkens. Sowohl in ihrer niederländischen Heimat als auch in Deutschland unternahm sie Ausflüge zu den geschichtsträchtigen Orten der Umgebung. Von Reinhartshausen aus besuchte sie die Stammsitze ihres Hauses in Lauenburg, Nassau, Diez-Oranienstein und Dillenburg. In Dillenburg hatte sich 1865 ein Komitee gebildet, um dem großen Sohn der Stadt, dem Oranier Wilhelm der Schweiger, ein Denkmal zu setzen. Das Dillenburger Schloss aus dem 12. Jahrhundert war im Siebenjährigen Krieg zerstört worden und an seiner Stelle sollte nun ein Turm als sichtbares Zeichen für die große Vergangenheit Dillenburgs entstehen. Rund zwei Drittel der gesamten Baukosten stiftete Prinzessin Marianne für den Wilhelmsturm, der von 1872 bis 1875 auf dem historischen Schlossberg

Achenbach, Ansicht von Dillenburg mit Wilhelmsturm

Lebenslange Demütigung durch das Haus Preußen

entstand. In dieser Angelegenheit stand sie über mehrere Jahre in Kontakt mit dem Leiter des Komitees, August Spieß in Dillenburg und selbst in den wenigen Briefen, die aus dieser Korrespondenz erhalten blieben, spricht noch einmal die ganze Tragik ihres Lebens.

Das Verbannungsdekret, das Preußen nach der Scheidung Prinzessin Mariannes von Prinz Albrecht ausgesprochen hatte, bedeutete eine lebenslange Demütigung für die in Ungnade gefallene Mutter. Im Jahr 1865 fand die Eheschließung ihrer Tochter Alexandrine mit dem Herzog von Mecklenburg-Schwerin statt und Marianne durfte nicht an den Feierlichkeiten teilnehmen, ebenso wie bei der Hochzeit ihres Sohnes Albrecht. Und noch einmal sollte sie die bis an ihr Lebensende mit unbarmherziger Härte durchgesetzte Bestimmung erniedrigen: Es war der große Wunsch der niederländischen Königstochter, das zum Andenken an das Haus Nassau errichtete Bauwerk in Dillenburg einzuweihen. Aber der Frau, ohne deren großzügige Unterstützung die Realisierung dieses Projektes gar nicht möglich gewesen wäre, wurde vom preußischen Hof untersagt, dem Festakt am 29. Juni 1875 beizuwohnen. Offiziell begründet war das Fehlen Prinzessin Mariannes durch „Unwohlsein". Vielleicht war dieser Versuch Mariannes, noch einmal öffentlich als Mitglied eines regierenden Königshauses aufzutreten, auch der Grund für die erwähnte Meinungsverschiedenheit mit Johannes van Rossum gewesen, der ihr als besonnener Ratgeber möglicherweise von einem derartigen Engagement abgeraten hatte.

Der holländische Maler Laurens Lodewijk Kleijn, Direktor des Museums Reinhartshausen, schuf im Auftrag Prinzessin Mariannes für den Wilhelmsturm einen Bilderzyklus mit Szenen aus dem Leben Wilhelms I. von Oranien, die noch heute dort ausgestellt sind. Die Gemälde errangen auf der Weltausstellung in Antwerpen die goldene Medaille und stolz präsentierte der Nassauische Kunstverein 1886 die Werke des Hofmalers Seiner Königlichen Hoheit in Wiesbaden. Aber diese Ehrung sollte seine fürstliche Gönnerin nicht mehr erleben. Die Förderung von Künstlern durch die Bereitstellung dieses Ateliers in Reinhartshausen erhielt sich als eine kulturelle Tradition bis in die Gegenwart. Noch bis vor wenigen Jahren wurde das Atelier von Schloss Reinhartshausen einem Künstler zur Verfügung gestellt.

Im Mai 1878 schreibt Marianne aus Schloss Weißwasser an August Spieß in Dillenburg, vermutlich als Antwort auf dessen Geburtstagsglückwünsche:

„Ich hoffe in diesem Jahr Dillenburg und den Wilhelmsturm zu besuchen, vielleicht Ende August. Meine Gesundheit hat angehalten.

Kräfte und Elastizität sind wieder da und dienen besonders bei den Besichtigungsreisen, die ich seit Ostern auf meine Güter unternahm und bis gegen Pfingsten noch unternehmen will. Das schöne Fest findet mich mutmaßlich bei der Konfirmation in Erbach. Dann ist Ihre Ferienzeit und deshalb ist es besser, ich komme im August nach Dillenburg, vielleicht am 21ten, meines Vaters 106. Geburtstag, für mich immer noch ein Freudentag. Nun schon zum fünften Male werde ich am Fuß des Christusbildes stehen, welches ich auf der Ruhestatte des Herrn Van Rossums Hülle aufrichten ließ. Wahre Liebe schwindet nicht. … Mit einem Gruß an Ihre liebe Frau und Dank für Ihre Wünsche schließt Ihre in das 69. Jahr eingetretene Marianne von Nassau-Oranien.“

Marianne von Nassau-Oranien hat sich für viele große und teilweise auch repräsentative Projekte engagiert. Bedeutende Bauwerke entstanden nach ihrer Vorstellung und unzählige soziale Einrichtungen wurden von ihr unterstützt, wenn nicht gegründet. Und dabei hat sie nie den Blick für die „kleinen Sorgen“ der Menschen verloren, denen sie freundschaftlich verbunden war. Aus einer solchen tiefen Verbundenheit Prinzessin Mariannes zur Tochter des Pfarrers Feller in Dauborn hatte sich eine Jahrzehnte währende Freundschaft entwickelt. Als Auguste Feller 1879 in Wiesbaden ein kleines Internat für Knaben gründete, begleitete ihre königliche Freundin interessiert diese Unternehmung. Geregelt besuchte Marianne das kleine „Fellerianum“ und wenn sie im eleganten Viererzug in der Schwalbacher Straße vorfuhr, erwarteten die geheimnisvolle Prinzessin, die in einem Märchenschloss am Rhein lebte, schon die staunenden Augen der Kinder. Einer der Jungen, der damals im Institut von Auguste Feller lebte, war Robert Heck, der einen Teil ihres Briefwechsels mit Marianne retten konnte und in den fünfziger Jahren veröffentlichte. Er erinnerte sich später an die Begegnung mit Marianne:

„Ich sehe die Prinzessin noch heute vor mir, in ihrem weiten, rauschenden Gewand, das Gesicht von einem farbigen Kappothute mit langen Bändern umrahmt, höre noch ihre Mezzosopranstimme. Aus den Augen dieser Frau sprach unendlich Güte.“

Und gütig unterstützte Prinzessin Marianne auch das Fellerianum, da

„Gott mir immer noch Mittel und Wege verleihet, meinen Mitmenschen von Dienst zu sein und ich daran Freude finde“,

schreibt sie an Auguste Feller.

„Aber, wie es Ihnen nicht unbekannt ist, seitdem Johannes Willem und vollends Herr van Rossum meiner nicht mehr bedarf, ist mein Dasein

zwecklos, denn meine anderen Kinder bedürfen mich nie und jetzt am allermindesten. Aber ich bin nicht bös, darum falle ich nicht ab, es sind der Prüfungen noch nicht genug."

Die letzte Prüfung, die ihr am Ende ihres schicksalhaften Lebens noch abverlangt wurde, war vermutlich auch die schwerste.

Treue über den Tod hinaus

Die Beisetzung von Johannes van Rossum in der Gruft der evangelischen Kirche war aus standesrechtlichen Gründen verhindert worden und Prinzessin Marianne musste für den Fall ihres Todes entscheiden, in welchem Grab sie beigesetzt werden sollte. Es war der letzte Beweis ihrer großen Liebe für den Mann, der sie mehr als 28 Jahre gegen alle Widerstände ihres aufregenden und leidgeprüften Lebens begleitet hatte, dass sich Prinzessin Marianne dafür entschied, ihm über den Tod hinaus treu zu bleiben. Am 10. Juli 1876 verfügte sie daher in einem Schreiben an ihren Sohn Albrecht als Vollstrecker ihres Testaments dafür Sorge zu tragen, dass ihre irdische Hülle, wo immer sie auch sterben mochte, in einen einfachen Eichenholzsarg gelegt und nach Reinhartshausen gebracht werden solle, um auf dem Gottesacker der Gemeinde Erbach „neben der meines seit 10. April 1873 in Gott ruhenden Cabinet-Secretair Herrn Johannes van Rossum aus dem Haag beigesetzt werde". Aus diesem Grund hatte Prinzessin Marianne ein Jahr zuvor, 1875, die Gruft erweitern lassen. Sowohl der Intendant ihrer Hofhaltung als auch der Administrator ihrer Besitzungen in den Niederlanden erhielten „Befehl", diesem Willen zu entsprechen.

Prinzessin Marianne stirbt am 29. Mai 1883 auf Schloss Reinhartshausen.

Nur kurz nach ihrem 73sten Geburtstag starb Prinzessin Marianne der Niederlande am 29. Mai 1883 auf Schloss Reinhartshausen. Der „Rheinische Courier" berichtete dazu, dass ihr Hinscheiden überraschend kam, da sich in den letzten Tagen Anzeichen der Besserung im Befinden der Prinzessin bemerkbar gemacht hätten und sie wiederholt den Wunsch äußerte, ihre niederländische Heimat aufzusuchen. „In ihrer Umgebung befand sich schon seit einiger Zeit ihre Tochter nebst Enkelin, die Prinzessin Alexandrine verwittwete Herzogin von Mecklenburg-Schwerin. Ihr Sohn Prinz Albrecht von Preußen hatte noch kurz vor seiner Moskauer Krönungsfahrt auf Reinhartshausen geweilt. … Prinzessin Marianne war auf das innigste mit dem Rheingau verwachsen und hat durch zahlreiche Stiftungen, durch Errichtung von gemeinnützigen Anstalten, denen ihre beständige Fürsorge für Arme und Kranke galt, dieses Band stets fester zu schlingen gewußt. ‚Mutter von Erbach', eine Bezeichnung, die die Verstorbene nicht ungern auf sich angewandt sah."

Ihrer Verfügung entsprechend wurde die niederländische Königstochter im Grab neben ihrem Lebensgefährten Johannes van Rossum bestattet. Die Grabplatte verschweigt ihren eigentlichen Lebensbegleiter und auch die Tatsache, dass ihr geschiedener Gemahl seit 1853 wieder verheiratet war. Sie trägt die Inschrift:

Mariannes Grab auf dem Friedhof in Erbach, dem Schloss gegenüber

„Hier ruht in Gott
in der Erwartung einer fröhlichen Auferstehung
Wilhelmine Friederike
Luise Charlotte
Marianne
von Nassau-Oranien, Prinzessin d. Niederlande
geb. zu Berlin am 9. Mai 1810
vermählt im Haag am 14. Septbr. 1830 mit
Friedrich Heinrich
Albrecht
Prinz von Preußen
gest. zu Reinhartshausen bei Erbach“

Das Vermächtnis

Durch das große Vermögen des oranischen Königshauses verfügte Prinzessin Marianne bereits über ein beträchtliches Privatvermögen, das sie durch ihren Geschäftssinn, ihren unermüdlichen Einsatz und eine fast „preußische" Disziplin noch vergrößerte. Sie machte ihre Nachkommen zum reichsten Zweig der Hohenzollerndynastie. Als sie starb, hinterließ sie, abgesehen von Reinhartshausen, zahlreiche Besitzungen in Schlesien, Österreich und den Niederlanden und ein Kapital von 9.000.000 Mark.

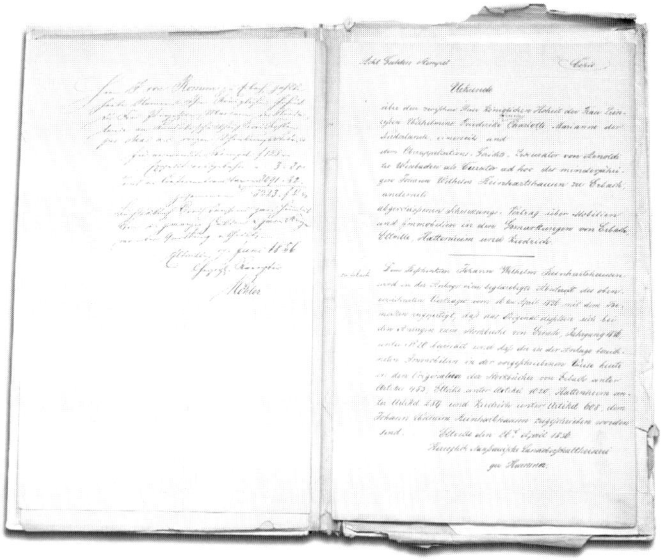

Schenkungsurkunde (Abschrift): 1856 ließ Marianne alle Reinhartshausener Besitzungen als Schenkung an ihren Sohn Johann Wilhelm übertragen. Nach seinem frühen Tod schenkte sie einen Teil des Grundbesitzes und der Immobilien Johannes van Rossum, die nach dessen Tod wieder an Marianne zurückfielen.

Wie zu jeder Zeit ihres Lebens hatte Prinzessin Marianne auch für die Verwaltung ihres Nachlasses einen ihrer hohen Geburt entsprechenden Weg vorgesehen. Zur Erhaltung des Familienbesitzes gründete sie ein Fideikommiss, das als unveräußerliche und unteilbare Vermögensform einer von ihr bestimmten Erbfolge unterworfen war. Festgelegt waren auch die Pflichten des Besitzers. Die Fideikommisse sorgten dafür, dass besonders die Güter in den Herzogtümern bis in das 20. Jahrhundert erhalten blieben. Sie waren seit dem 19. Jahrhundert umstritten und wurden durch die Weimarer Reichsverfassung endgültig aufgehoben. An den Oberlandesgerichten und am Bundesgerichtshof bestehen noch heute eigene Fideikommisssenate, die für den rechtlichen Schutz Sorge tragen.

Zu dem durch Prinzessin Marianne begründeten *„Nassau-Oranien-Niederländisches Familien-Fideikommiß"* gehörten die in Preußisch-Schlesien gelegenen Herrschaften Kamenz (Kreis Frankenstein), Schnallenstein (Kreis Habelschwerdt) und Seitenberg (auch Kreis Habelschwerdt) mit dem Besitz Schreckendorf, die Prinzessin Marianne nach dem Tod ihrer Mutter 1838 geerbt hatte. Sämtliche in Schloss Kamenz sowie in Seitenberg und Rosenthal befindlichen Möbel und Kunstschätze, die nicht aus dem Besitz ihres Sohnes stammten, wurden ebenfalls dem Fideikommissbesitz zugeschrieben. Nach der üblicherweise festgelegten Primogenitur trat nach dem Tode Mariannes, die als erste Fideikommissbesitzerin erscheint, ihr Sohn Prinz Albrecht von

Preußen die Nachfolge an, gefolgt von dessen erstgeborenem Sohn, Prinz Friedrich Heinrich von Preußen.

Gesondert legte Prinzessin Marianne fest, dass der Fideikommissbesitzer immer einige Zeit des Jahres auf den Gütern zu verbringen hatte. Außerdem verpflichtete sie ihren Nachfolger, Prinz Albrecht von Preußen, ein Jahr nach dem Antritt des Erbes mit dem Bau einer evangelischen Kirche in Kamenz zu beginnen.

Fürsorge für ihre Tochter

Den beiden weiblichen Linien ihrer Deszendenz widmete Prinzessin Marianne besondere Fürsorge: Der Majoratsherr war verpflichtet, ihnen bis zum dritten Glied eine nicht geringe Apanage aus den Revenuen des Geldfideikommisses auszuzahlen. Für ihre einzige noch lebende Tochter Alexandrine legte sie 120.000 Mark jährlich fest, ebenso eine Apanage für die beiden Kinder ihrer verstorbenen Tochter Charlotte, den Erbprinzen Bernhard von Sachsen-Meiningen und Prinzessin Marie Elisabeth von Sachsen-Meiningen.

Das Allodialvermögen umfasste die polnischen Güter Czeczervo und Mikoscervo sowie die von Prinzessin Marianne erworbenen niederländischen Besitzungen Rusthof und Leeuwensteyn, die Herrschaft Weißwasser in Österreich und die Villa Carlotta am Comer See mit ihren Kunstschätzen. Die in den Niederlanden gelegenen Besitzungen kamen auf das Erbteil ihres Sohnes Albrecht. Ihrer Tochter Alexandrine vererbte sie die Herrschaft Weißwasser sowie alle Perlen, Juwelen, den Schmuck und alle Kleidungsstücke. Den Kindern Charlottes, Bernhard und Marie von Sachsen-Meiningen, hatte sie bereits die Güter Czeczervo und Mikoscervo im Großherzogtum Posen und die Villa Carlotta am Comer See übergeben, deren Wert sie mit 600.000 Mark angab. Um den Besitz dieser Villa entbrannte nach dem Tod Georgs II. ein zwölfjähriger Kampf, da sie mit dem Eintritt Italiens in den Ersten Weltkrieg 1915 unter italienische Staatsaufsicht gestellt wurde. Das Schweizer Konsulat vertrat die Interessen von Herzog Bernhard III. und seiner Schwester Prinzessin Marie. 1927 verloren sie die Villa ihrer Mutter Charlotte an den italienischen Staat.

Albrecht von Preußen wird Schlossherr auf Reinhartshausen.

Das in der Provinz Hessen-Nassau im Rheingau-Kreis gelegene Gut Reinhartshausen und alle dazugehörigen Immobilien sowie alles, was nach holländischem Sprachgebrauch der „geheele Inboedel" genannt wird, erbte ebenfalls ihr Sohn Prinz Albrecht als ein Prälegat, also ohne Anrechnung auf sein Erbteil. Zum „geheelen Inboedel" zählte nämlich auch das Museum, dessen Erhaltung mit dem Erbteil verbunden war. Die Wünsche der Sammlerin im

Hinblick auf das von ihr gebaute Museum und den darin befindlichen Kunstwerken sind im Nachtrag zu ihrem Testament vom November 1876 genau formuliert:

„Ich befehle hierbei, dass die in dem Museum zu Reinhartshausen befindlichen Kunstschätze und sonstigen Sammlungen in demselben für immerwährende Zeiten vereinigt bleiben sollen und niemals veräußert werden dürfen, dass dieselben ferner in gleicher Weise, wie dies gegenwärtig von mir geschieht, erhalten und unterhalten werden und auch in Zukunft, wie bisher, dem Publikum zugänglich bleiben müssen, und dass endlich die durch den Fremdenbesuch erzielt werdenden Einnahmen auch in Zukunft entweder der Blindenschule und Augenheil-Anstalt in Wiesbaden, oder einer anderen ähnliche Zwecke verfolgenden gemeinnützigen Anstalt zuzuwenden sind."

Da sich die Sammlerin der Last dieser Verpflichtungen bewusst war, setzte sie den Wert des Gutes Reinhartshausen, einschließlich des Museums und der darin enthaltenen Sammlungen, auf den bloßen Grundstückswert fest, ohne Anrechnung auf das Erbteil ihres Sohnes. Zudem war der Erbe verpflichtet, mit dem Gut Reinhartshausen und dem Museum ein Fideikommiss einzurichten. Prinz Albrecht von Preußen ist dieser Anweisung seiner Mutter mit der Eingliederung von Reinhartshausen in das Nassau-Oranien-Niederländische Fideikommiss gefolgt. Damit kam das Schloss entsprechend der festgelegten Erbfolge nach dem Aussterben der Albrechtlinie mit Prinz Waldemar von Preußen ab 1957 an Prinz Friedrich von Preußen und 1966 an dessen in England lebende Söhne. 1987 wurde Reinhartshausen Eigentum der Familie Leibbrand, die einen neuen Westflügel erbauen ließ. Seit 1999 ist das Hotel Schloss Reinhartshausen im Besitz einer Gesellschaft bürgerlichen Rechts.

Das Leben der niederländischen Prinzessin hat seine Spuren nicht nur in den Bauwerken und Besitzungen hinterlassen, die sie erwarb oder bauen ließ. Auch in ihren Kindern und Kindeskindern lebten viele ihrer Ideale und ihr soziales Engagement weiter: Ihr Sohn Albrecht setzte die wohltätigen Einrichtungen seiner Mutter fort, ihre Enkelin Marie Elisabeth erfreute sich in Meiningen allgemeiner Wertschätzung in der Bevölkerung. Sie stand viele Jahre an der Spitze des Frauenvereins von Meiningen, dem sie reichliche Mittel zufließen ließ. Durch Berufung von Krankenschwestern aus Frankfurt errichtete sie eine Station, die noch zu Beginn des 20. Jahrhunderts aus ihren Mitteln unterhalten wurde.

Geblieben ist von Prinzessin Marianne von Nassau-Oranien auch die Schwierigkeit, ihre Persönlichkeit und ihre Leistungen auf sozialem, kulturellem und ökonomischem Gebiet in angemessener Weise zu würdigen und mit der gebotenen Distanz zu beurteilen. Das Leben dieser außergewöhnlichen Frau, die mit allen tradierten aristokratischen Normen brach und doch mehr als viele andere ihres Standes königlichen Patriotismus, Großmut und Wohltätigkeit repräsentierte, hat bei ihren Zeitgenossen wenig Verständnis gefunden. Der Zwiespalt zwischen einem ausgesprochen starken Gefühl für Unabhängigkeit, persönliche Freiheit und den Verhaltensnormen ihrer königlichen Abstammung, der sie in ihrem Innersten immer verhaftet blieb, hat ihr Leben bestimmt. Und damit wird ihr auf den ersten Blick oft widersprüchlich wirkendes Verhalten, aber auch ein großer Teil ihrer entschlossenen Lebenshaltung verständlich. Wegen ihres Verhältnisses zu dem Bediensteten Johannes van Rossum und der Geburt eines illegitimen Kindes aus der königlichen Familie verstoßen brauchte Prinzessin Marianne umso mehr die baulichen und kulturellen „Insignien" ihres hohen Standes. Sie besaß alle Statussymbole eines höfischen Lebensstils: repräsentative Wohnsitze, einen kleinen Hofstaat und selbst die Tatsache, dass sie ihr Museum der Öffentlichkeit zugänglich machte, erhob ihren individuellen Geschmack zu einer bildenden Kunstauffassung und brachte ihre kulturtragende Rolle zum Ausdruck. Sie kümmerte sich um die Verwaltung und Vermehrung ihrer Besitzungen und übernahm soziale Verantwortung für die Menschen, die mit und von ihr lebten.

Aber auf eine faszinierende Art erscheint sie in autografischen Zeugnissen von einer zutiefst fraulichen Empfindungsfähigkeit, verletzlich und mitfühlend und doch von eigensinniger und sicherer Entschlusskraft.

Die Sammlerin und Mäzenatin Marianne von Nassau-Oranien

Als Sammlerin ist Marianne von Nassau-Oranien heute kaum noch bekannt. Ihr Wunsch, dass die in dem von ihr erbauten Museum befindlichen Sammlungen dort erhalten bleiben sollen und niemals veräußert werden dürfen, hat sich nicht erfüllt. Als in den fünfziger Jahren auch noch das Museumsgebäude einem Hotelbau weichen musste, war der kulturelle Zusammenhang und -halt ihrer einst bedeutenden Kunstsammlungen völlig zerstört.

Prinzessin Marianne entstammte einem traditionsreichen europäischen Königshaus mit einer weit reichenden Sammeltätigkeit. Sie kam bereits in ihrer Kindheit in Berührung mit der Kunst aus der statthalterlichen Sammlung Wilhelms V., eine bedeutende Sammlung von Werken des 17. Jahrhunderts. In der Regierungszeit ihres Vaters konnten viele der Gemälde, die während der französischen Herrschaft in den Niederlanden als Kriegsbeute in den Louvre gekommen waren, wieder nach Den Haag zurückgeführt werden und bildeten ab 1822 den Grundstock des Museums Mauritshuis. Wilhelm I. verwirklichte auch den von Louis Napoleon entwickelten Plan, im Welgelegen pavillon in Harlem ein Museum zeitgenössischer Kunst einzurichten, das aus den Beständen der Museen in Amsterdam und Den Haag gespeist wurde.

Ein leidenschaftlicher Sammler und Kunstfreund war auch Wilhelm II. Der große Bruder Prinzessin Mariannes sammelte seit den zwanziger Jahren des 19. Jahrhunderts Gemälde und ließ nach seinem Machtantritt 1840 ein privates Museum im Garten seines Palais am Kneuterdijk in Den Haag bauen. Seine Sammlungen wurden ein Jahr nach seinem Tod am 12. August 1850 versteigert und durch Museumsdirektoren, Kunsthändler und Bevollmächtigte fremder Fürsten, die mit hohen Beträgen mitboten, in die ganze Welt zerstreut und waren als solche für Holland verloren. Aus der Sammlung Wilhelms II. erwarb das Städelsche Kunstinstitut in Frankfurt am Main die Lucca Madonna des Jan van Eyck.

Obwohl auch Wilhelmine, die Mutter der niederländischen Prinzessin, als Kunstfreundin und Malerin bekannt war, ist durch die biografische Entwicklung Prinzessin Mariannes davon auszugehen, dass größere Sammlungsbestände aus dem Familienbesitz des niederländischen Königshauses nicht in den Besitz Prinzessin Mariannes übergingen.

Marianne und das Berliner Kunstleben

Nach der Vermählung mit Prinz Albrecht von Preußen nahm Marianne vorwiegend über die Ausstellungen der Akademie am Berliner Kunstleben teil. Es gibt nur wenige vereinzelte Nachrichten, die ihre Sammeltätigkeit in dieser Zeit betreffen, aber es scheint, dass sie eine Vorliebe hatte für Gemälde und Zeichnungen von Malern der Düsseldorfer Schule, die dem engeren Schülerkreis Wilhelm Schadows angehörten. Dazu zählten beispielsweise die in den Berliner Akademiekreisen anerkannten und oft ausgestellten Maler Eduard Bendemann, Julius Hübner und Karl Becker. Als Prinzessin Marianne von ihrem Bruder Fritz erfuhr, dass er für ein neues Bild des Künstlers Karl Friedrich Lessing nicht den richtigen Platz fand und es daher für 1000 Dukaten an den König weiterverkaufen wollte, bat sie ihre Schwägerin Elisabeth eindringlich, ihr vermittelnd zur Seite zu stehen, weil sie sich wünschte, mit diesem „Meisterwerk" ihre Sammlung moderner Maler zu vermehren. Ihr war zu Ohren gekommen, dass das Objekt ihrer Begierde nach Dresden gebracht worden war und es danach in mehrere Städte Deutschlands und nach Paris reisen sollte. Inständig bat sie darum, das Bild anschließend für den vereinbarten Kaufpreis übernehmen zu dürfen. Ob ihr Herzenswunsch noch in Erfüllung ging, ist nicht überliefert. Im Inventar ihrer später zusammengetragenen Sammlung in Reinhartshausen sind die vor ihrer Scheidung in Berlin erworbenen Gemälde nicht verzeichnet.

Die Kunstliebhaberin Marianne und ihr Wirken in Rom

Ausschlaggebend für die Sammlungsgeschichte der Kunstsammlung Reinhartshausen waren die Aufenthalte Prinzessin Mariannes in Italien. In Rom widmete sie sich ausführlich den künstlerischen Beziehungen und der Sammeltätigkeit und legte den Grundstock ihrer umfangreichen Sammlung. Als Anziehungspunkt für Maler, Bildhauer und Architekten war Rom in den Friedensjahren nach den napoleonischen Kriegen zum maßgebenden Mittelpunkt des Kunstschaffens und damit zum zentralen Kunstmarkt Europas geworden. Der Wohlstand der römischen Aristokratie war durch die politischen Umwälzungen erschüttert und eine große Menge der Kunstschätze, die einst die römischen Paläste zierten, mussten veräußert werden. Kunstbeauftragte regierender Häuser kauften in Rom Werke für die Sammlungen großer Museen.

Maßgeblich für das Leben in Rom war das künstlerische und intellektuelle Milieu, geprägt durch den Umgang, den man mit der dort ansässigen Künstlerschaft pflegte. In den Berichten der niederländischen Gesandtschaft erscheint Prinzessin Marianne als passionierte und verständige Kunstliebhaberin, deren Interesse gleichermaßen den Altertümern und Ausgrabungen wie den Werken lebender Künstler galt.

1851 ließ Prinzessin Marianne Grabungen in dem tiefer gelegenen Teil ihres Parks ausführen, wo dieser an die Via Appia grenzte. Man fand Reste ver-

Carel Quaedvlieg, Interieur der Villa Celimontana

schiedener Gräber. Durch die nur spärlichen Hinweise in der Literatur lässt sich vermuten, dass archäologisch interessante Objekte nicht ausgegraben wurden. Nach einer Eintragung im Inventar der Sammlung wurde eine Monolithsäule, die später im Museum in Reinhartshausen aufgestellt war, auf dem Grundstück der Villa Celimontana gefunden worden. Sie ist auf einem der Interieurs von Quaedvlieg dargestellt. Ob weitere Funde aus besagten Grabungen in die Sammlung aufgenommen wurden und später nach Reinhartshausen kamen, ist gegenwärtig nicht nachweisbar. Ein farbiges Fußbodenmosaik, das auf dem gleichen Gemälde Quaedvliegs erkennbar ist, und ein römischer Doppelherme mit den Gesichtszügen von Sokrates und Seneca, der 1878 in das Museum von Berlin kam, wurden von Luigi Callari irrtümlich als Grabungsfund der „contessa Marianna di Gaitenberg (sic.), principessa dei Paesi Bassi“ aufgeführt.

Im Unterschied zu ihren früheren Besuchen in Rom galt ihr Interesse nach der Trennung von Prinz Albrecht von Preußen wieder vermehrt den niederländischen Malern und Bildhauern, die von ihr mit Aufträgen bedacht und unterstützt wurden. Cornelis Krusemann, Jan Philip Koelman, Abraham Teerlink und der Amsterdamer Pierre Louis Duborq haben nachweislich für die Prinzessin gearbeitet und gehörten wie der Bildhauer Johannes Antonius van der Ven zu den Gästen der Villa Celimontana. In den 50er-Jahren kamen Frans Philippeau und Laurens Lodewijk Kleijn zusammen mit dem niederländischen Bildhauer Stöver nach Rom und wurden der Prinzessin vorgestellt. Stöver erhielt eine Reihe von Aufträgen. Er schuf das Grabmonument für den Sohn Prinzessin Mariannes und für das Grab ihres Freundes Johannes van Rossum, das auch ihr eigenes werden sollte.

Auch nachdem Prinzessin Marianne ihren Wohnsitz in Rom wieder aufgegeben hatte, kaufte sie weiterhin Kunstwerke in Italien. 1863 erwarb sie in Mailand aus dem Besitz des Grafen Carlo di Castelbargo-Albani „Die Heilige Familie“ von Raffael. Während dieser Reise besuchte sie auch wieder das Atelier Stövers, um den Fortgang am Grabmonument für Johann Wilhelm zu begutachten.

Nach dem Umzug nach Reinhartshausen und der Einrichtung ihres Museums sammelte Prinzessin Marianne vorwiegend Gemälde zeitgenössischer Künstler ihres Heimatlandes. Damit konzentrierten sich die Erwerbungen auf den niederländischen Kunstmarkt, der mit dem aufkommenden Realismus neben Belgien und Frankreich die führende Stellung in der zweiten Jahrhunderthälfte einnahm. Durch einen Brief der Ehefrau des Künstlers Johannes Bosboom ist überliefert, dass die Sammlerin die niederländischen Ateliers besuchte, um dort Gemälde zu bestellen:

„Prinses Marianne doet better [als Königin Sophie], die gaat regtstreeks op de Kunstenaars zelf af en die rekenen met haar secretaris.“

Jacob Henricus Maris, Bildnis der Amalie von Solms, 1859, Sammlung Reinhartshausen

Da Prinzessin Marianne nach ihrem Ehescheidungsprozess aus nahezu allen fürstlichen Palais ihres Heimatlandes verbannt war, gab sie jungen Künstlern den Auftrag, Bildnisse ihrer Vorfahren zu kopieren. Die Aufträge, die sie den Brüdern Jacob und Matthijs Maris zwischen 1858 und 1861 erteilte, werfen auch ein Licht auf die Stellung der niederländischen Prinzessin als Sammlerin und Mäzenatin. Ihre Aufträge sicherten den Künstlern ein ausreichendes Einkommen und ermöglichte ihnen wichtige Studienreisen. Vor allem aber erhielten sie die Möglichkeit der Begegnung mit den Werken großer Meister. Das Kopieren war im Kunstunterricht des 19. Jahrhunderts ein integraler Bestandteil der Ausbildung, denn der Unterricht an den Akademien war in erster Linie Zeichenunterricht. Zum Malen waren ergänzende Stunden im Atelier eines Künstlers zu nehmen. Das Kopieren der Porträts war in dieser Hinsicht eine Fortsetzung der akademischen Ausbildung und eine Möglichkeit zum Studium berühmter Originale.

Am Beginn ihrer Sammeltätigkeit in Berlin war die Teilnahme Prinzessin Mariannes am unmittelbaren Kunstschaffen noch vorwiegend auf Zustimmung-durch-Kauf beschränkt. Während ihrer Aufenthalte in Rom und später in ihrem Heimatland nahmen ihre Aufträge einen mehr persönlichen Charakter an. Als Mitglied des regierenden niederländischen Königshauses trat sie als Auftraggeberin und Sammlerin für die Kunst ein und stellte Künstler in ihren Dienst. In dem zunehmenden Interesse für zeitgenössische Künstler folgte sie auch einer allgemeinen Tendenz in der Mitte des 19. Jahrhunderts.

Das Museum Reinhartshausen

Für die umfangreichen Sammlungen, die Prinzessin Marianne während ihrer Reisen und vor allem in Rom zusammengetragen hatte, ließ sie ein Museum bauen, das der Öffentlichkeit zugänglich war und das viele Besucher nach Reinhartshausen zog.

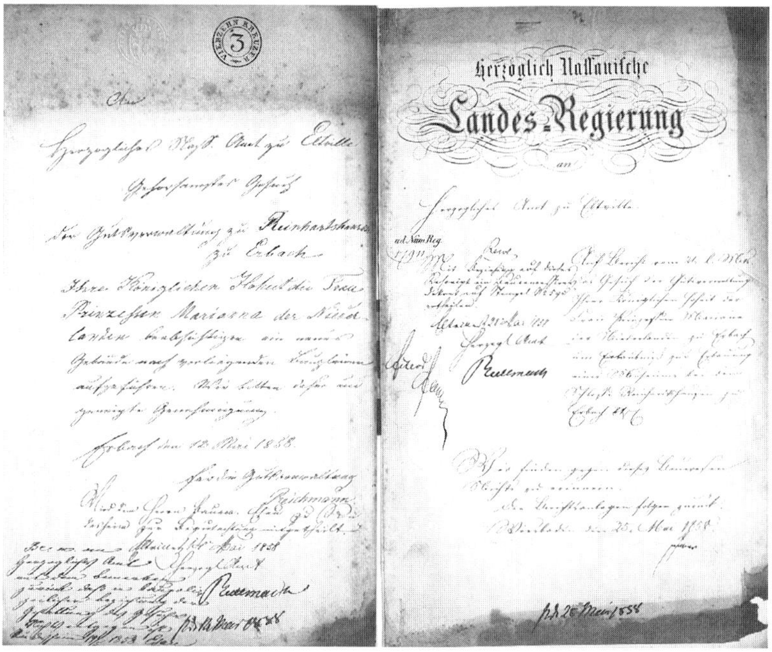
Herzoglich Nassauische
Landes-Regierung
an

Linke Seite: Baugesuch der Gutsverwaltung Reinhartshausen an das Herzogliche Amt zu Eltville

Rechte Seite: Genehmigung des Gesuches der Herzoglichen Nassauischen Landesregierung an das Amt Eltville

Die Geschichte des Museums beginnt mit dem Baugesuch der Gutsverwaltung Reinhartshausen vom 12. Mai 1858. Noch im selben Monat erfolgte durch die Herzoglich-Nassauische Landesregierung die Zustimmung „zur Erbauung eines Museums bei dem Schlosse Reinhartshausen zu Erbach“. Das eher langweilige Kapitel amtlicher Genehmigungsverfahren, das offensichtlich auch am Beginn königlicher Bauabsichten stand, wäre für die Geschichte von Reinhartshausen und seiner kunstsinnigen Eigentümerin wenig interessant, hätten sich in diesen Bauakten nicht die Grund- und Aufrisse eines kulturgeschichtlich außergewöhnlichen Bauwerks erhalten. Sie haben die unverfälschte Idee der Architektur konserviert, die zusammen mit wenigen älteren Fotografien die Erscheinung des Museumsgebäudes erhalten haben, das 1959 durch einen Hotelbau ersetzt wurde. Die Grundmauern des Museums sind im Kern der neuen Architektur noch erhalten, ebenso das originale, rheingautypische Bruchsteingewölbe, das heute eine besondere gastronomische Nutzung gefunden hat.

Und noch etwas verraten die originalen Pläne: Der Architekt, den Prinzessin Marianne mit dieser Aufgabe betraut hat, war der Wiesbadener Baumeister Theodor Goetz, zu dessen Werken das im Zweiten Weltkrieg zerstörte Paulinenschlösschen und die beiden Kaskadenbrunnen im Bowling-Green vor dem Wiesbadener Kurhaus zählen. Nach seinen Entwürfen entstand rechtwinklig zum Alten Schloss, parallel zur ehemaligen Durchgangsstraße des Ortes, das Museum Reinhartshausen, das durch eine verglaste Veranda mit dem Schloss verbunden war.

Abb. oben: Innenaufnahme des mittleren, großen Ausstellungsraums von Osten

Abb. unten: Deckenornament des Museumsgebäudes

Das Museum, das Goetz für Prinzessin Marianne entwarf, war gekennzeichnet durch einen lang gestreckten, rechteckigen Baukörper mit zwei querrechteckigen Kopfpavillons und folgte einer für Gemäldegalerien typischen Grundrissbildung. In erster Linie zur Ausstellung der umfangreichen Gemäldesammlung konzipiert wurde der eingeschossige Mitteltrakt durch Oberlichter erhellt. Die dadurch fensterlosen Wandflächen des mittleren Gebäudeteils waren wirkungsvoll durch Pilastervorlagen und Spiegelfelder gegliedert. Die um ein Geschoss erhöhten Pavillons begrenzten das Gebäude zu beiden Seiten und gaben durch das der italienischen Frührenaissance entlehnte Motiv ihrer großen Erdgeschossfenster dem gesamten Gebäude einen südlichen Eindruck. Dass der Baumeister mit der stilistischen Hinwendung zur italienischen Renaissance den geschmacklichen Vorstellungen Prinzessin Mariannes und ihrer Vorliebe für Italien nachkam, ist sehr wahrscheinlich, traf sich aber auch mit dem Formgefühl der Architektengeneration zwischen 1830 und 1866, die sich vom strengen Klassizismus löste.

Historische Aufnahmen der Innenräume geben einen Eindruck von der Ausstattung: Das Innere des Museums war in drei große Säle und je zwei Räume in den Pavillons aufgeteilt. Die Durchgänge von Raum zu Raum waren aufwändig durch eine Kolonnade mit korinthischen Säulen und profilierten Gesimsen gestaltet. Eine mit Stuckornamenten

Profilrahmen mit Akanthusschnitzerei und Perlstab, der besonders häufig in der Sammlung Reinhartshausen auftrat

reich verzierte Deckenkehle umrahmte das Oberlicht. Die Ecken waren durch groteske Motive mit geflügelten Figuren betont. Medaillons mit den Porträts berühmter Künstler zierten die Mitte der Friese über den Durchgängen.

Die Gemäldesammlung bildete den dominierenden Teil innerhalb der musealen Präsentation. Der überwiegende Teil der Bilder war in den fünf Erdgeschossräumen des Museumsgebäudes und in einem Vorzimmer zur Gemäldegalerie ausgestellt. Offensichtlich reichte aber der zur Verfügung stehende Raum nicht aus: Der übrige Bestand war in den Wohnräumen des Schlosses, in der Wohnung des Intendanten und im Atelier des Malers Kleijn untergebracht. Die Hängung der Gemälde in den Museumsräumen folgte keinem festen System, weder chronologisch noch nach Kunstlandschaften. Lediglich die niederländischen Künstler des 19. Jahrhunderts waren als geschlossene Kunstlandschaft präsentiert. Entscheidend für das Erscheinungsbild der Galerie war die dicht gedrängte Hängung der Gemälde, die nahezu Rahmen an Rahmen, vom Sockel bis zum Ansatz der Deckenvoute angebracht waren. Selbst auf der Holzvertäfelung hingen kleinformatige Bilder.

In der Mitte der Säle standen halbhohe, tiefe Schränke, auf denen die zahlreichen Bronze-Kleinplastiken platziert waren. Dazwischen erhob sich auf Postamenten oder auf Säulen aus nassauischem Marmor die zeitgenössische Plastik. Antike Plastik und Holzschnitzereien zierten den Durchgang vom Schloss zur Gemäldegalerie. Zur übrigen Ausstattung der Museumsräume gehörten Tische mit florentinischem oder venezianischem Mosaik und kostbare, meist auf Säulen platzierte Vasen. Im Obergeschoss eines Pavillons war die Kunstkammer eingerichtet, die vor allem zur Aufnahme kirchlicher Kunst, Triptychen und anderer Kostbarkeiten diente. Was die fotografische Wiedergabe der Innenräume nicht zeigen konnte, war der museale Reichtum, der sich in Schränken, Vitrinen und an anderen Orten des Schlosses befand, nämlich

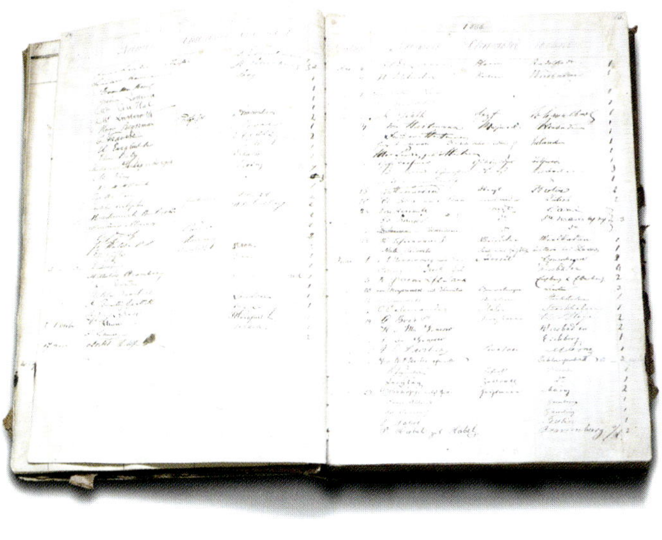

Gästebuch des Museums in Reinhartshausen

die wertvollen Sammlungen von Kameen, Gemmen, Münzen und einer umfangreichen Bibliothek. Der „Catalogus der Bibliotheek van Hare Koninklyke Hoogheit Mevrouw de Prinses Marianne der Niederlanden" verzeichnete 1676 Titel, darunter auch die Galeriewerke berühmter zeitgenössischer Sammlungen.

Die Sammlungen umfassten nahezu das ganze museale Spektrum, von den Werken der „Hohen Kunst" über naturwissenschaftliche und kunstgewerbliche Sammlungen und zeigte damit noch jenen universalen Charakter, der schon seit dem 16. Jahrhundert das Erscheinungsbild fürstlicher Sammlungen prägte. Im Gegensatz zur zeitgenössischen Entwicklung institutionalisierter Museen und auch einiger privater Galerien, die seit der bürgerlichen Kunsttheorie der Aufklärungszeit eine auf Bildung ausgerichtete Organisation der Kunstwerke favorisierte, zeigte sich das Museum der niederländischen Königstochter noch rein nach ästhetischen Gesichtspunkten arrangiert. Diese auch als „künstlerisch" charakterisierte Ausstellungsform zielte noch ganz fürstlich auf die Bildung des Geschmacks und zeigte sich in ihrer traditionellen Sammlungsstruktur noch gänzlich abhängig von der überlieferten aristokratischen Kunstauffassung. Das Museum Reinhartshausen war ein „Gesamtkunstwerk" aus Architektur, Dekor, Möbeln und Kunstsammlungen, geprägt durch das Kunstverständnis seiner königlichen Sammlerin, durch ihre Einstellung zur Vergangenheit und nicht zuletzt durch ihre religiösen und patriotischen Gefühle, die sich deutlich in ihren Präferenzen für bestimmte Kunstlandschaften zeigten.

Das Gästebuch des Museums, in dem die Besucher und damit erhaltenen Einnahmen akribisch aufgeführt wurden, gehört zu den archivalischen Schätzen von Schloss Reinhartshausen.

Der Prägestempel des Museums

Die Gemäldesammlung

In seiner Funktion als Hofmaler und Konservator der Sammlungen Ihrer Königlichen Hoheit legte Laurens Lodewijk Kleijn um 1870 ein Inventar an, das einen Bestand von mehr als 600 Gemälden, 61 antiken und zeitgenössischen „plastischen Kunstgegenständen", 66 Bronzen und 9 Holzschnitzereien aufführt. Das handgeschriebene Verzeichnis listete aber nur diejenigen Kunstwerke auf, die zur Ausstattung des Museums gehörten. Nicht erfasst waren die Gemälde in den Wohnräumen des Schlosses sowie die zahlreichen Aquarelle, Zeichnungen, Stiche und sonstigen grafischen Mappenwerke. Anhand dieses Inventars war es aber möglich, die Gemäldesammlung weit gehend zu rekonstruieren, deren Umfang heute etwa auf ein Drittel geschrumpft ist. Es zeigt, dass der ursprüngliche Bestand der einst im Museum vereinten Kunstwerke einen repräsentativen Querschnitt durch die im 19. Jahrhundert als maßgebend erachteten Epochen und Kunstlandschaften bot. Große Namen der Kunstgeschichte, die Hauptmeister der italienischen Renaissance- und Barockmalerei, die berühmtesten Flamen und Holländer des „Goldenen Jahrhunderts" füllten das Inventarbuch der einst renommierten Galerie. Die Darstellung der Gemäldesammlung muss in diesem Rahmen summarisch bleiben und sich auf die Hauptwerke beschränken.

David Teniers d. J. (1610–1690), Kirchweihfest, Sammlung Reinhartshausen

Einen Schwerpunkt bildeten die holländischen Meister des 17. Jahrhunderts. An ihrer Spitze erscheint Rembrandt als großer Name der Epoche. Die Sammlung vereinte nahezu alle in den besonderen Bildgattungen führenden Vertreter: Auf dem Gebiet der holländischen Landschaftsmalerei repräsentierten Aert van der Neer, Albert Cuyp und vor allem der Haarlemer Maler Salomon van Ruysdael, Jacob van Ruisdael und Jan van der Meer als Hauptmeister die typisch holländische Landschaft oder Klaes Molenaer die holländischen Fluss- oder Mondscheinlandschaften. Italianisierende Landschaften der Utrechter Maler Jan Both und Cornelis Poelemburgh, Seestücke von Ludolf Backhuizen, Marinebilder, Strandszenen, Blumen- und Tierstücke rundeten die Variationsbreite der holländischen Fachmalerei ab, die ein wesentliches Kennzeichen dieser Kunstlandschaft darstellte.

Ähnlich nuanciert und vielgestaltig wie das Landschaftsthema war auch die Genremalerei des 17. Jahrhunderts repräsentiert. Die Gattung der Konversationsstücke war beispielsweise vertreten durch Dirk Hals und Pieter Codde. Für Szenen aus dem bäuerlichen Leben standen die zahlreichen Dorfszenen und Bauernwirtschaften des Adriaen Ostade, Gerard Douw oder Jan Steen.

Der Bestand an Gemälden flämischer Meister des ausgehenden 16. und 17. Jahrhunderts schloss zwei Werke des bedeutendsten Barockmalers Peter Paul Rubens ein und darüber hinaus viele Künstlernamen, die die bedeutsame flämische Schule der Sammlung repräsentierten. Darunter Pieter Breughel d. J., Jan Breughel d. Ä., Landschaften von David Teniers d. J., Lukas van Uden oder Theodor Rombouts.

Johann Conrad Seekatz (1719–1768), zwei Savoyarden mit Dudelsack und Leierkasten, Sammlung Reinhartshausen*

In der Sammlung befinden sich noch heute zwei als „Gemüsestand“ bezeichnete Interieurs, die dem Antwerpener Genremaler Jan Baptist Lambrechts zugeschrieben werden. Falls diese Zuschreibung haltbar ist, befinden sich im Städelschen Kunstinstitut in Frankfurt am Main Kopien dieser Gemälde.

Jan Baptiste Lambrechts, Gemüsestand (beide Abb.)

Das Gemälde der wandernden Musikanten wurde erst später dem deutschen Maler Seekatz zugeschrieben, der dem in Goethes Vaterhaus verkehrenden Frankfurter Malerkreis angehörte. Im Inventar der Kunstsammlung ist es als Werk des Gerbrand van den Eeckhout, einem Hauptschüler Rembrandts, verzeichnet. Es war nach einer gleichnamigen Radierung seines berühmten Lehrmeisters entstanden.

Francesco Salviati, eigentlich Francesco de Rossi (1510–1563), Pandora und Persephone. Salviati gilt als Hauptvertreter des florentinisch-römischen Manierismus.

Im Unterschied zur Sammlung der niederländischen Malerei, deren Schwerpunkt auf den Werken des 17. Jahrhunderts lag, war der Bestand an italienischen Gemälden durch einen repräsentativen Querschnitt über die maßgebenden Schulen der Frührenaissance bis zu den bedeutendsten Vertretern der venezianischen Malerei des 18. Jahrhunderts charakterisiert. Werke der altitalienischen Kunst, der so genannten Trecentisten, waren nicht vertreten.

Als Zierde des Museums galten die „Heilige Familie“ von Raffael und die Leonardo da Vinci zugeschriebene „Heilige Jungfrau mit Kind“, die 1932 aber als Werk des Bernardino Luini, eines Meisters der lombardischen Renaissance, versteigert wurde. Die „Heilige Familie“ von Raffael war vermutlich eine alte Kopie des heute im Museum von Madrid befindlichen Originals der „Madonna mit dem Lamm“. Es ist eines der wenigen Gemälde aus der Sammlung der niederländischen Prinzessin, dessen Provenienz bekannt ist: 1863 erwarb Prinzessin Marianne das Bild aus dem Besitz des Grafen Castelbarco-Albani und es heißt, das Gemälde habe die Sammlerin so beeindruckt, dass sie drei Wochen in Mailand wartete, bis die in Holland angewiesenen Gelder bei ihr eingetroffen waren.

Michelangelo Amerighi Caravaggio (1573–1610), Apostel Paulus

Als bedeutende Exponenten der venezianischen Hochrenaissance verzeichnet der Katalog Werke von Tizian, Giogrione, Palma Vecchio und dessen Schüler Bonifazio de Pitati. Abgerundet war die Epoche des 16. Jahrhunderts durch venezianische Spätrenaissancekünstler wie Bassano, Veronese und mehrere, den venezianischen Manierismus verkörpernde Werke Tintorettos.

Gemälde des Antonio Allegri, genannt Correggio, und Namen wie Federigo Baroccio oder Lodovico Carraci stehen für die zum Barock überleitende Stilrichtung. Ebenso Lodovico Cardi als Vertreter des florentinischen Frühbarock.

Die thematische Dominanz religiöser Sujets in der italienischen Malerei des Seicento, des 17. Jahrhunderts, muss im Zusammenhang mit ihrer Stellung in diesem Zeitalter gesehen werden, kam aber auch dem Geschmack der gläubigen Sammlerin entgegen. Bemerkenswert zahlreich sind daher die Darstellungen verschiedener Apostel. Allein von Lodovico Cardi besaß Prinzessin Marianne fünf Jünger Jesu und sieben von dem Hauptmeister des Frühbarock, Caravaggio. Seine Gemälde der Apostel Bartholomäus, Thomas Thaddäus und Paulus gehören noch heute zur Sammlung.

Eine Ausnahme von der vorherrschenden religiösen Thematik der italienischen Kunst bildeten die fantastisch-romantischen Landschaften und Schlachtenbilder des Salvator Rosa, der mit 12 Werken zu den am häufigsten vertretenen Künstlern in der Sammlung zählte.

Abb. oben: Albert Arnz (1832–1914), Grabmal der Cäcilia Metella: das Grabmonument der Tochter des Caecilius Metellus Creticus, der 69 v. Chr. die Insel Kreta für das Römische Reich erobert hatte

Abb. unten: Johannes Hoppenbrowers (1819–1866), Winterlandschaft

Den zweiten Schwerpunkt in der Sammeltätigkeit Prinzessin Mariannes bildeten die niederländischen Maler des 19. Jahrhunderts. Dazu gehörten die von ihr in Rom mit Aufträgen bedachten Künstler ebenso wie die typisch holländischen Landschafts-, Tier- und Marinemaler der romantischen Schule. Viele der jungen Künstler, die um 1870 in Den Haag tätig waren und die moderne holländische Malerei repräsentierten, finden sich im Inventarbuch der Galerie von Reinhartshausen wieder. Mit Seestücken und Strandansichten von Koekoek, Schotel und dessen Schüler Dreibholtz enthielt die Sammlung Mariannes Werke führender Vertreter dieses Sujets. Die Seestücke, die sich noch heute im Hotel Schloss Reinhartshausen befinden, sind von dem Dordrechter Maler Govert van Emmerik und von Antonie Waldorp. Wenn auch die impressionistischen Werke, die am Ende dieser künstlerischen Entwicklung standen, keinen Eingang mehr in die Sammlung fanden, sind die Brüder Maris doch ein charakteristisches Beispiel für die Stellung der niederländischen Prinzessin als Auftraggeberin und Mäzenatin. Ihre Aufträge sicherten den Künstlern ein ausreichendes Einkommen

Angelique Mongez (1775–1855), Perseus und Andromeda:
Nach der griechischen Sage befreite Perseus die Tochter des äthiopischen Königs, die einem Seeungeheuer geopfert werden sollte.

und ermöglichten ihnen die Studienaufenthalte, die besonders für die Entwicklung von Matthijs Maris von großer Bedeutung werden sollten. Jacob Maris und sein jüngerer Bruder erlangten später als Mitbegründer der „Haager Schule" internationale Anerkennung. Vincent van Gogh verehrte die Maler, die sich von der biederen romantischen Tradition gelöst hatten und über eine zuerst realistischere Darstellungsweise zu impressionistischen Ausdrucksformen fanden.

Die Sammlung deutscher Künstler des 19. Jahrhunderts war vorwiegend auf italienische Veduten des in Rom und Neapel ansässigen Carl Wilhelm Götzloff und der Düsseldorfer Maler Albert Flamm und Albert Arnz beschränkt. Die zeitgenössische Malerei war auch durch Werke von drei Künstlerinnen vertreten: Maria Ellenrieder, Henriette Ronner und Angelique Mongez. Man sucht ihre Namen vergebens in den Verzeichnissen der angesehenen Akademien ihrer Zeit, denn Kunst war „Männersache". Malerinnen wurden gerne als Dilettantinnen eingestuft und erst ab 1919 zu einem ordentlichen Studium zugelassen. Die genannten Frauen zählten zu den wenigen anerkannten Künstlerinnen ihrer Zeit. Marie Ellenrieder war badische Hofmalerin und die Französin Angelique Mongez hatte sich einen Namen durch Bildnisse und Historienstücke gemacht, die eigentlich als männliche Domäne galten. Henriette Ronner stammte aus der traditionsreichen holländischen Malerfamilie Knip. Ihre Blumen- und Früchtebilder erzielten bereits zu ihren Lebzeiten hohe Preise. Vor dem Hintergrund der außergewöhnlichen Biografie der Sammlerin offenbart sich der Zusammenhang von ästhetischen Präferenzen und kultureller Bindung an die tradierten Ideale des aristokratischen Kunstgeschmacks. Die Selbstverständlichkeit fürstlich-dynastischer Selbstdarstellung zeigt sich zum einen in der Präsenz der niederländischen Historienmalerei. Sie galt in der königlichen Familie der Sammlerin seit den ersten Jahrzehnten des 19. Jahrhunderts als das höchste Genre, da die aus dem Exil nach Holland zurückgekehrte königliche Familie die Maler von Historienstücken besonders förderte. Noch deutlicher tritt die traditionsgebundene Mentalität der niederländischen Sammlerin in der Anlage einer „Ahnengalerie" zu Tage.

Die Sammlung der zeitgenössischen Malerei gab in der Geschlossenheit des ursprünglichen Bestandes einen vollständigen Eindruck vom Kunstschaffen der Niederlande im 19. Jahrhundert. Die holländische Landschaftskunst, die in der Haager Schule ihren Höhepunkt erreicht hatte, beschloss die im Museum Reinhartshausen repräsentierte Entwicklung und schlug zugleich den großen Bogen zur holländischen Malerei des 17. Jahrhunderts, die unter dem Einfluss der Romantik und des Realismus in ihrer Wertschätzung eine neue Blütezeit erreichte und deren Tradition die Haager Künstler auf ihre Weise fortsetzten. Viele Maler des 19. Jahrhunderts wurden an ihren Vorgängern im 17. Jahrhundert gemessen und man könnte in der Sammlungsstruktur die Absicht des Malers und Museumskonservators Kleijn verwirklicht sehen, „welche die Schöpfungen der modernen niederländischen Kunst der ruhmreichen Traditionen des 15. und 17. Jahrhunderts würdig erscheinen lässt". Doch das allein würde der umfangreichen Kunstsammlung nicht gerecht werden, die in vielfältiger Weise die in den bedeutenden Epochen europäischer Kunst vorherrschenden Bildthemen einer Kunstlandschaft zeigte und unabhängig von modischen Vorlieben repräsentative Querschnitte bot.

Christoffel Bisschop (1828–1904), Die leere Wiege

Ein großer Teil der im 19. Jahrhundert erfolgten Zuschreibungen wurde später widerlegt oder verschiedene Gemälde erwiesen sich als Kopien, wonach die Sammlung nach heutigen Maßstäben weniger qualitätsvoll erscheint. Eine Beurteilung der Galerie muss davon ausgehen, dass es sich bei den Gemälden, die Prinzessin Marianne erwarb, nicht durchgehend um einzigartige Sammlerobjekte handelte, sondern dass diese in der Fülle ihrer Präsentation und der Vielfältigkeit der Sammlungsrichtungen in ihrer Gesamtheit wirkten. Zudem wurde die umfangreiche Sammlung in einem verhältnismäßig kurzen Zeitraum zusammengetragen, wobei der Qualität einzelner Werke mitunter weniger Beachtung zukam, was auch ihrer Präsentation im Museum entsprach. Außerdem standen Dubletten von Werken aus berühmten europäischen Sammlungen im Sammelwesen des 19. Jahrhunderts nahezu gleichberechtigt neben Originalwerken. Dafür ließen sich auch aus öffentlichen Museen zahlreiche Beispiele anführen.

Theodor Hildebrandt (1804–1874), Prinzessin Marianne

Es ist das Schicksal vieler privater Sammlungen, dass sie nach dem Tod ihres Schöpfers veräußert werden oder einem veränderten Kunstgeschmack zum Opfer fallen. Auch die Sammlungen der niederländischen Prinzessin wurden bereits im frühen 20. Jahrhundert stark dezimiert. Im Juni 1932 wurden im Prinz Albrecht-Palais in Berlin etwa 200 Gemälde versteigert. Davon betroffen war vorwiegend der Bestand an niederländischen Werken des 17. Jahrhunderts. Nach dem Zweiten Weltkrieg wurde Schloss Reinhartshausen von Besatzungstruppen belegt, was zu Schäden am Gebäude und Inventar führte. 123 Bilder wurden 1947 nicht mehr aufgefunden. Danach wurden weiterhin Werke aus der Sammlung Reinhartshausen verkauft. Bis heute ist der Gemäldebestand etwa auf ein Drittel seines ursprünglichen Umfangs geschrumpft. Darunter befinden sich noch immer zahlreiche qualitätvolle Werke, die der kunsthistorischen Forschung bisher weit gehend entgangen sind.

Das Antlitz der Geschichte – die Porträtsammlung

Porträt Wilhelms der Schweiger, nach Mierevelt

Besonders deutlich wird die traditionsgebundene Mentalität der niederländischen Königstochter durch die Anlage ihrer Ahnengalerie. Die zahlreichen Porträts von den Vorfahren der Sammlerin sind vom Bestand der übrigen Bildnisse namhafter historischer Persönlichkeiten zu unterscheiden, denn sie gehörten, von wenigen Ausnahmen abgesehen, zur Ausstattung der privaten Räume und waren nicht im Inventar der Kunstsammlung verzeichnet. Von dem oranischen Prinzen Wilhelm dem Schweiger bis zu den im 19. Jahrhundert regierenden Familienmitgliedern vergegenwärtigten die Porträts von Fürsten und Fürstinnen, Statthaltern und Königen aus dem Hause Nassau-Oranien nahezu dreihundert Jahre niederländische Geschichte.

Die Porträts, die sich heute noch in Reinhartshausen befinden, sind im Wesentlichen Werke von Gerard oder Willem Honthorst und Michiel Janszoon Mierevelt zugeschriebene Arbeiten sowie Kopien aus dem 19. Jahrhundert nach den Vorlagen bekannter Porträttypen des 17. Jahrhunderts. Denn obwohl Prinzessin Marianne sich so rigoros vom Hofleben losgesagt hatte, blieb ihre patriotische Haltung ungebrochen. Sie gab jungen Künstlern den Auftrag, die Bildnisse ihrer Vorfahren zu kopieren, da sie aus nahezu allen fürstlichen Palais ihrer Heimat verbannt war.

Abb. unten links Guillaume de Spinny (1721-1785), Porträt der Wilhelmina von Preußen, der Großmutter Mariannes, von 1777

J. C. Frederik, 1864, Wilhelm III. von Oranien, Kopie nach Caspar Netscher

Die Brüder Jacob Henricus Maris und Matthijs Maris erhielten die Aufträge zum Kopieren von mindestens acht Oranier-Porträts. Die Bezahlung dafür folgte einem festen Tarif: 350 Gulden für ein Kniestück und 700 Gulden für eine Ganzfigur.

Michiel Janszoon van Mierevelt
Porträt des Johann van Oldenbarneveldt

Generell ist zur niederländischen Porträtkunst anzumerken, dass das Original-beziehungsweise das erste Exemplar eines in vielen Kompositionsvarianten verbreiteten Porträttyps selten nachzuweisen oder noch erhalten ist. Ebenso schwierig gestaltet es sich festzustellen, ob bei unsignierten Arbeiten nun eigenhändige Wiederholungen eines bestimmten Künstlers oder Werkstattarbeiten oder sonstige alte Kopien vorliegen, da beliebte Porträttypen noch viele Jahre nach ihrer Entstehung kopiert wurden. Das Fürstenporträt eines bedeutenden Künstlers wurde zur Demonstration des dynastischen Anspruchs des oranischen Königshauses in zahlreichen Repliken wiederholt und vervielfältigt. In der Werkstatt wurden teilweise schon gleichzeitig mit dem Original Kopien angefertigt. Zudem wurde das Bildnis durch Stiche verbreitet, die wiederum als Vorlage für weitere Übersetzungen dienten. In den niederländischen Museen findet man die Originale beziehungsweise weitere Fassungen oder Repliken vieler Porträts aus der Sammlung Reinhartshausen.

Porträt des Wilhelm Ludwig von Nassau, Mierevelt zugeschrieben

Zu den bevorzugtesten Hofmalern der Oranier zählten Gerard van Honthorst (1590-1656) und Michiel Janszoon Mierevelt (1567-1641), deren Bildnisse von oranischen Prinzen in vielen Exemplaren existieren. Man weiß heute, dass der Künstler Mierevelt von den „gesuchtesten“ Persönlichkeiten stets einige auf Vorrat hielt. Einem seiner Porträttypen folgt das Brustbild des oranischen Prinzen Wilhelms I., genannt Wilhelm der Schweiger. Als Mierevelt bezeichnet sind auch die Porträts des Theodor Matham, Bürgermeister der Stadt Delft im Jahr 1634, und das Brustbild des niederländischen Staatsmannes Johann van Oldenbarneveldt, von dem sich ein identisches Bildnis im Reichsmuseum Amsterdam befindet.

Von den Großeltern Prinzessin Mariannes, Wilhelm V. und seiner Gemahlin Frederika Sophia Wilhelmina, fertigte Guillaume de Spinny (1721–1785)

1777 Porträts an. Durch die Datierung erweisen sie sich als spätere Fassungen der nur in wenigen Details abweichenden Porträts, die der Künstler 1775 ausführte und die heute als Leihgabe des Reichsmuseums Amsterdam im Nassau-Museum Oranienstein in Diez ausgestellt sind.

Zu den Bildnissen, die im Auftrag Prinzessin Mariannes in ihrem Heimatland kopiert wurden, zählen die Darstellung von Prinz Wilhelm III. von Oranien durch einen Künstler namens Frederick sowie das Kniestück der Amalia von Solms von Jacob Maris. Vorlage seiner Kopie könnte das Porträt auf einem Doppelbildnis mit ihrem Gatten Frederik Hendrik von Oranien sein, welches der Künstler Gerard Honthorst um 1638 anfertigte und das sich heute im Mauritshuis in Den Haag befindet. Es ist bekannt, dass die Werkstatt von Honthorst die Porträts auch als Einzelfiguren ausführte.

Zur Porträtserie von Schloss Reinhartshausen zählt auch die inzwischen lückenhafte Serie osmanischer Sultane, die über Zwischenglieder auf die berühmte Sammlung des Paolo Giovio zurückgehen soll.

Die Skulpturen im Park von Schloss Reinhartshausen

In Anlehnung an die italianisierenden Vorlieben der einstigen Schlossherrin ist der Park des Hotels Schloss Reinhartshausen heute mit Skulpturen aus ihrer Sammlung geschmückt. Als reizvolle Blickpunkte zwischen den Baum- und Gehölzgruppen oder in den Blumenrabatten sind sie Teil ihrer gewachsenen Umgebung geworden und manchmal gibt die Natur ganz unerwartet den Blick auf eine der Statuen frei.

Antonio Rossetti, Sklavin

Die Skulpturen aus der Sammlung Schloss Reinhartshausen sind Werke des 19. Jahrhunderts, jener vielschichtigen und gern unter dem Begriff „Romantik" zusammengefassten Epoche der Kunst, deren stilistische Einordnung und geschmackliche Bewertung lange dem Vorurteil unterlag, eine unschöpferische Kunst in Anlehnung an historische Stile zu sein. Mit dem Klassizismus war seit 1800 die Plastik zu einer der Malerei ebenbürtigen Gattung der bildenden Kunst erwachsen und auf den ersten Blick scheint romantische Plastik ausschließlich dem Formenkanon der Antike unterworfen. Aber die Verwendung antiker Vorbilder war nie bloße Nachahmung, sie hat sich im Laufe des 19. Jahrhunderts stilgeschichtlich gewandelt und war immer einem jeweils eigenen Zeitstil angepasst. Dabei ist romantische Plastik nicht ohne den Einfluss Italiens und Frankreichs zu verstehen. Aber vor allem Rom und die Faszination der zweitausendjährigen Zeugen antiker Skulptur gewannen eine ungeheure Bedeutung für die Bildhauer des 19. Jahrhunderts. Generationen europäischer Künstler folgten der Anziehungskraft der Ewigen Stadt, oft mit großen wirtschaftlichen Schwierigkeiten und in der Hoffnung auf einen verständigen Mäzen.

Die Interieurs des niederländischen Malers Quaedvlieg haben einige der Skulpturen bildlich festgehalten und ihr dokumentarischer Wert macht sie zu einem wichtigen Zeugnis für den in der römischen Villa vorhandenen Kunstbesitz. Das gilt besonders für die heute nicht mehr vorhandenen antiken Bildwerke, die aus Italien nach Reinhartshausen überführt und im Museum der niederländischen Prinzessin ausgestellt waren. Aber auch einige der zeitgenössischen Skulpturen, die heute noch zur Sammlung von Schloss Reinhartshausen zählen, sind auf den Innenansichten der römischen Villa dargestellt, beispielsweise die Skulptur eines nackten, trommelnden Knaben oder die Büste eines Jünglings.

Zwei weitere charakteristische Werke dieser Epoche wurden von dem in Mailand geborenen Künstler Antonio Rossetti geschaffen: „Die sich verbergende Liebe", ein allegorisches Motiv, und die „Sklavin", die unter dem Titel „Verkauft" in einem Album mit Fotografien von Kunstwerken aus der Sammlung Reinhartshausen publiziert wurde. In diesem Zusammenhang verfasste der damalige Konservator des Museums, der Maler Laurens Lodewijk Kleijn, eine Beschreibung der Statue, die ein beredtes Zeugnis darüber gibt, was das 19. Jahrhundert schätzte:

> *„Rosetti, Angelo, ist einer der angesehensten italienischen Bildhauer der Gegenwart und lebt in Rom. Seine Stoffe wählt er theils aus der mythologischen Welt, theils sind sie allegorischer und idealer Natur. Was er schafft, ist stets poetisch empfunden und äusserst fein und zart in der Technik. Zu seinen berühmtesten Werken gehören eine Orphelia, die Cupido- Verkäuferin, das Grabmahl des Fürsten Gallitzin auf dem Campo Santo in Bologna, die „Unschuld", und die „Sklaven auf dem Markte". Seine, im Besitz Ihrer Königlichen Hoheit der Prinzessin Marianne der Niederlande befindliche Statue bringt in rührendster Weise die einsame Verlassenheit, den Jammer des schönen jungen Wesens zur Anschauung, dessen zarte Körperbildung und feine Formen von edler Herkunft zeugen. Auf dem Postament erzählen vier Reliefs in fast novellistischer Darstellung ihre traurige Geschichte; dessen hätte es bei dem sprechenden Ausdruck des Ganzen, gar nicht bedurft. Es gibt eine gewisse Beredtsamkeit des Körpers, die nie ihre Wirkung verfehlt – in dem Sinne muthet der Anblick der armen Sklavin den Beschauer an wie eine Elegie."*

Das beschriebene Postament mit vier Reliefs, die die Geschichte der verkauften Sklavin darstellen, schmückt heute das Zentrum der Auffahrt, vor dem Haupteingang des Hotels.

Am Ende des östlichen Parkweges, der zum Rheinufer führt, steht, romantisch versteckt und bezaubernd von der Natur umhüllt, die Marmorstatue „Adam und Eva“ des belgischen Bildhauers Louis Royer. Der in Mechelen geborene und an der dortigen Akademie ausgebildete Künstler errang bedeutende Auszeichnungen seiner Zeit, wie den Rompreis der Académie des Beaux-Arts in Amsterdam, der mit einem vierjährigen Studienaufenthalt in Rom verbunden war. Nach seiner Ernennung zum niederländischen Hofbildhauer im Jahre 1843 wurde der gefragte Bildhauer in Amsterdam ansässig. Louis Royer galt als ausgezeichneter Porträtkünstler und schuf zahlreiche Marmorbüsten von Mitgliedern des niederländischen Königshauses. Im Auftrag von Prinzessin Marianne entstand die seinerzeit viel bewunderte Adam-und-Eva-Gruppe für Schloss Reinhartshausen; ein in Stein gehauenes Symbol der Liebe, aber auch der dafür in Kauf genommenen Vertreibung aus dem Paradies, wie sie die Sammlerin selbst nach dem gesellschaftlichen „Sündenfall“ ihrer Scheidung erleiden musste.

Louis Royer,
Adam und Eva

In unmittelbarer Nähe des Uferweges ist der „Neapolitanische Fischerknabe“ des Bildhauers Matthaei platziert. Dieses Bildnis eines Fischerjungen, der auf dem Vordersteven eines Schiffes steht, in der rechten Hand ein Netz, in der linken einen Fisch, ist ein typisches Beispiel der Genreplastik eines romantisch geprägten Spätklassizismus. Die Abkehr vom strengen Klassizismus und die zunehmende Beliebtheit solcher idealisierenden Darstellungen realer Vorbilder kennzeichnet die Entwicklung der romantischen Skulptur. Die Auswahl der Themen steht in Abhängigkeit von den gängigen Motiven in der Mitte des vorigen Jahrhunderts: Schäferin, Jäger, Fischer oder allegorische Motive zwischen klassizistischer Idealität und romantischer Poesie. Die Namen der Werke waren

Matthaei, Neapolitanischer Fischerknabe

Matthaei, Deutscher Jägersmann

austauschbar. Entscheidend war die schöne, sinnlich reizvolle Form eines Körpers und seine Haltung. Die Beigaben entsprachen dem Bildungsbedürfnis der Zeit. In diese Entwicklung reihen sich als plastische Genrebilder noch zwei weitere Bildwerke des Künstlers Matthaei ein: „Hubertus mit Horn und Lanze", dargestellt mit seinem Wahrzeichen, einem Hirsch mit einem Kreuz im Geweih, und ein „Deutscher Jägersmann", dessen Fuß auf dem Kopf eines erlegten Tieres steht.

Matthaei, Hubertus mit Horn und Lanze